復帰完成完結と永遠の平和王国

平和王戴冠式の御言集

文鮮明
Sun-Myung Moon

光言社

天宙統一平和の王戴冠式（2005年2月14日　天宙清平修錬苑）

天宙統一平和の王戴冠式で王冠とローブを召される文鮮明先生御夫妻

天宙統一平和の王冠とローブを奉呈する参加者代表

戴冠式のあと、花束を受けられる文先生御夫妻

戴冠式のあと、文先生御夫妻を中心に記念撮影が行われた

戴冠式のあと、「本然の創造理想圏とカイン・アベル圏復帰完成完結」と題して講演される文先生

金大中前大統領が祝賀のビデオ・メッセージを寄せた

会場のステージ向かって左側に韓国氏族から、右側に世界各国から贈られた王冠が展示された

氏族王冠奉呈で初めに文先生御夫妻に贈られた劉氏族の王冠と劉大行全国祝福家庭総連合会総会長夫妻

世界中から祝賀に集まった各界各層の代表者で埋め尽くされた戴冠式会場

天宙統一平和の王戴冠式までの歩み

神様王権即位式で最初の祈祷を捧げられる文先生御夫妻（2001年1月13日、天宙清平修錬苑）

天宙・天地真の父母様平和統一祝福家庭王即位式で花束を受けられる文先生御夫妻
（2003年2月6日　天宙清平修錬苑）

イエス様の戴冠式が行われたエルサレム平和行進（2003年12月22日）
この基台によりアメリカで2004年2月4日、文先生御夫妻に「平和の王冠」が奉呈された

Ambassadors for Peace Awards で平和の王に推戴された文先生御夫妻と平和大使の代表
（2004年3月23日、アメリカ、連邦議会上院ビル）

真の心情革命と真の解放・釈放天一国入籍祝福式で平和の王に推戴された
文先生御夫妻と各宗教界の代表（2004年8月20日　大韓民国、ソウル）

Congratulatory Banquet Crown of Peace Awards Program で平和の王に推戴され、王冠と
ローブを召された文先生御夫妻と各国指導者（2004年12月13日　アメリカ、ワシントンD.C.）

まえがき

天地人真《まこと》の父母様の摂理史における最も重要な式典の一つ、「天宙統一平和の王戴冠《たいかん》式」が二〇〇五年二月十四日に挙行されました。この式典は、二〇〇一年から二〇〇四年までの天一国《てんいちこく》摂理第一次四年路程の結実であると同時に、二〇〇五年から二〇〇八年までの第二次四年路程の実体的な出発の起点となるものでした。そして、何よりもその式典は、天地人真の父母様の苦難の路程が結実した、歴史的で天宙的な式典だったのです。

ここでいう「平和の王」とは、政治、経済、軍事における権力の中心者を意味するものではありません。「平和の王」とは、愛と自己犠牲におけるモデルであり、真の父母、真の師、真の主人を意味し、対象としての存在に喜びと満足と幸福を与える真の愛の主体なのです。天地人真の父母様は、このような「平和の王」として天宙的次元で勝利されたのです。

この天宙的勝利圏を確立されるまでに、天地人真の父母様は、第一次四年路程においてその勝利圏を段階的に復帰してこられました。天一国出発の年である二〇〇一年の一月十三日、歴史的な「神様王権即位式」を奉呈することによって神様を解放、釈放してさしあげ、それによって神様の直接主管の時代が始まったのです。そして、その年の十一月十五日、第四十二回「真《まこと》の子女の日」に「天一国《てんいちこく》（天宙平和統一国）」を宣布されました。そして、二〇〇三年二月六日に、「天宙天地真の父母様平和統一祝福家庭王即位式」を行うことによって、神様と真の父母様が天地人父母様となられ、天の王権が現れることができるようになったのです。

その基台の上で、真の父母様は、同年十月三日に平和の王として「平和国連（超宗教超国家平和協議会：IIPC）」を創設されました。そして、同年十二月二十二日、第一イスラエルのユダヤの地においてイエス様の戴冠《たいかん》式が行われ、翌年の二〇〇四年三月二十三日、第二イスラエルのアメリカにおいて、世界の宗教指導者とアメリカの政治指導者たちが、真の父母様を「平和の王」として推戴《すいたい》する戴冠式が行われました。そして、同年八月二十日には、第三イスラエルであり、摂理の祖国であり、父の国である大韓民国において、世界各国各界の指導者たちが真の父母様を「平和の王」として推戴する戴冠式が行われました。そしてまた、「平和国連」と「蒙古斑《もうこはん》同族世界平和連合」の基盤の上に、同年十二月十三日には、アメリカにおいて世界的次元の「平和の王戴冠式」が行われました。

このようなすべての勝利的基盤と実績の上に、二〇〇五年二月十四日、清平《チョンピョン》において、霊界の五大聖人をはじめとする各界の指導者と世界各国各界の著名な指導者が、真の父母様を「天宙平和の王」として推戴する歴史的な「天宙統一平和の王戴冠式」が挙行されたのです。

今、私たちが第二次四年路程を出発するに際して、この天地人真の父母様の勝利圏と一つになるために、「神様王権即位式」と「天一国宣布」の二つのみ言《ことば》と「家庭王即位式」での祝祷、そして一連の「戴冠式」などで語られた七つの講演文を集め、一つの書籍として出版することにいたしました。

これらのみ言は、後天時代を生きる私たちに天が与えてくださった至宝のメッセージであり、私たちが常に心の奥深くに刻んでおくべき内容です。このようなみ言と一つになることによって、母の国としての責任を完成し、完結し、神様と真の父母様、そして真の子女様を解放、釈放してさしあげる私たちとなれるよう心から願うものです。

もくじ

まえがき 11
神様王権即位式のみ言（二〇〇一年一月十三日　天宙清平修錬苑） 19
天一国（天宙平和統一国）宣布のみ言（二〇〇一年十一月十五日　韓国中央修練院） 57
天宙・天地真の父母様平和統一祝福家庭王即位式の祝祷（二〇〇三年二月六日　天宙清平修錬苑） 89
国境線撤廃と世界平和（二〇〇三年十月三日　アメリカ、ニューヨーク） 99

平和王国時代宣布（二〇〇四年三月二十三日　アメリカ、連邦議会上院ビル）113
真の心情革命と真の解放・釈放時代開門（二〇〇四年八月二十日　大韓民国、ソウル）123
神様の心情の解放、釈放のための孝子、忠臣になろう（二〇〇四年十二月十三日　午前七時　アメリカ、ワシントンD・C）135
摂理史的終末期と私たちの使命（二〇〇四年十二月十三日　午後七時　アメリカ、ワシントンD・C）149
本然の創造理想圏とカイン・アベル圏復帰完成完結（二〇〇五年二月十四日　天宙清平修錬苑）163
祝賀バンケットでのみ言（二〇〇五年二月十四日　午後五時　天宙清平修錬苑）177

推戴《すいたい》の辞

スタニスラフ・シュシケビッチ・ベラルーシ最高会議元議長（二〇〇四年八月二十日） 185
李哲承《イチョルスン》・ソウル平和賞文化財団理事長（二〇〇四年八月二十日） 186
グラウバック博士・イスラエル（二〇〇四年十二月十三日） 188
ジョージ・アウグストゥス・スターリングス大主教・アメリカ（二〇〇四年十二月十三日） 191
金玟河《キムミナ》博士・韓国（二〇〇四年十二月十三日） 193
ホセ・デベネシア・フィリピン下院議長（二〇〇五年二月十四日） 194
李哲基《イチョルギ》・天道教教領・韓国（二〇〇五年二月十四日） 196

祈祷

劉大行《ユテェヘン》全国祝福家庭総連合会総会長（二〇〇五年二月十四日） 199

天宙統一平和の王戴冠式関連年表

開催日	式典、場所、講演、推戴人等
2001.1.13	神様王権即位式 大韓民国、天宙清平修錬苑 み言
2001.11.15	天一国（天宙平和統一国）宣布 大韓民国、中央修練院 み言
2003.2.6	天宙・天地真の父母様平和統一祝福家庭王即位式で戴冠式 大韓民国、天宙清平修錬苑 祝祷
2003.10.3	超宗教超国家平和協議会（IIPC）創設大会 アメリカ、ニューヨーク 「国境線撤廃と世界平和」
2004.2.4	エルサレム平和行進でのイエス様の戴冠式（2003.12.22）の基台を受けて、平和大使授与式のバンケットで天地人真の父母様に「平和の王冠」を奉呈（文顯進様御夫妻代理） アメリカ、ワシントンD.C.
2004.3.23	Ambassadors for Peace Awards で戴冠式 アメリカ、連邦議会上院ビル 「平和王国時代宣布」
2004.8.20	真の心情革命と真の解放・釈放天一国入籍祝福式で戴冠式 大韓民国、ソウル 「真の心情革命と真の解放・釈放時代開門」 （推戴人）シュシケビッチ・ベラルーシ最高会議元議長 李哲承・ソウル平和賞文化財団理事長ほか
2004.12.13	Congratulatory Banquet Crown of Peace Awards Program で戴冠式 アメリカ、ワシントンD.C. 「摂理史的終末期と私たちの使命」 「神様の心情の解放、釈放のための孝子、忠臣になろう」（朝食会スピーチ） （推戴人）クラウバック博士、スターリングス大主教、金玟河博士
2005.2.14	天宙統一平和の王戴冠式 大韓民国、天宙清平修錬苑 「本然の創造理想圏とカイン・アベル圏復帰完成完結」 祝賀バンケットでのみ言 （推戴人）ホセ・デベネシア下院議長、李哲基・天道教教領

神様王権即位式のみ言

二〇〇一年一月十三日
天宙清平修錬苑

宗教による人類救援摂理

きょうは、「神様王権即位式」の日です。神様王権即位式は、真《まこと》の父母様だけでできますか。天と地にいるすべての人たちが国をもち、祝福を受けて一族となり、血筋が一つとなった単一民族を成した基盤の上で初めて、このような式をすることができるのです。

神様王権即位式のために、今まで数多くの宗教圏の中でキリスト教を中心として、ユダヤ教の第一イスラエルからキリスト教の第二イスラエルを経て第三イスラエル圏である韓国に至るまで、旧約時代、新約時代、成約時代として越えてきました。

「成約」という言葉は、すべてが祝福を受ける時代だということです。神様が造られた被造万物は、人類始祖の堕落によって祝福圏に立つことができませんでした。しかし、神様は、救援摂理の道を通してキリスト教を中心とした数多くの宗教を立てて万民を教育することによって、段階的に引き上げながら成約時代を迎えるようにされたのです。

しかし、主流思想ではない系列に属する宗教は、その全貌《ぜんぼう》を知ることはできません。ユダヤ教とキリスト教を中心として、神様を人類の父として侍ることができる道を築いてきたのです。そして、イエス様がいらっしゃることによって初めて「ひとり子」という名前をもつようになりました。神様が失ってしまったこの歴史時代、アダムとエバが失敗した歴史時代において、神様の愛を受けることができる血統的内容を中心としたひとり子が、初めて地球星《ほし》に生まれました。神様の長男が生まれたというのです。

しかし、ひとり子は生まれたのですが、ひとり娘がいません。神様は、四千年間の救援歴史を通してアダムを再び創造されたのと同じです。神様は、アダムをまねてエバを造られました。アダムの相対となることができるように、アダムを造られた原則、青写真を基礎として、それをまねて造られました。

聖書を見ると、男性のあばら骨を取って女性を造ったと記録されています。それはどういうことですか。骨子をまねて造ったということです。ですから、アダムは、地上で失ってしまったものを取り戻すことができるひとり子です。しかし神様は、直系の愛の血筋を通してアダムを取り戻しましたが、エバは取り戻すことができませんでした。エバを取り戻そうとすれば、堕落以降の今までの歴史性を再び家庭から復活させて接ぎ木し、国をつくらなければなりません。

それを準備しておいたものが、ヤコブから始まったイスラエル民族であり、十二支派でした。選民思想を中心としてヤコブの十二人の息子、娘が着地し、世界に勝利の版図を拡大させてきたのが、イエス様が来られる時までの二千年間におけるイスラエルの国とユダヤ教です。

イスラエルの国は外的なカイン型であり、ユダヤ教は内的なアベル型でした。そのカインとアベルの基盤の上で、霊的・肉的に父母の責任を果たすことによってカインとアベルを収拾することができる母を選択して待たなければなりません。母を選択した基盤の上でイエス様を迎えていたならば、霊肉が一体となった真《まこと》なる父母を迎え、霊肉が一体となったイスラエルの国とユダヤ教がカインとアベルの立場で一つになっていたはずです。

そして、その一つになって祝福された家庭を中心として氏族を編成し、民族、国家まで編成したものに対しては、誰もこれを否定することはできません。いくらローマが世界を支配していたとしても、それを凌駕《りょうが》することはできません。外的なものは肉と同じであり、内的なものは骨と同じなので、肉は骨にはかなわないということです。もし、そのような立場に立っていたならば、イスラエルの国を中心として万国を統一し、神様の解放も二千年前にすべて成し遂げることができたはずです。

しかし、イエス様がエバを復帰して家庭を成すことができなかったので、イスラエル民族、選民圏国家の基準まで成すことができるように準備されたものがすべて崩れてしまいました。すべてが崩れてしまったのです。イスラエルが準備した基盤がすべて死んだもののようになったので、イスラエルの国はなくなり、七世紀に入って中東からイスラーム（＝イスラム教）が出てきたのです。イスラエル民族は、エジプトから帰ってきて祝福された民族になったにもかかわらず、その中心民族の中からイスラームが出てきたのです。反対する立場でムスリム（＝イスラム教徒）が現れ、怨讐《おんしゅう》になりました。

アブラハムの息子であるイシマエルとイサクは兄弟ですが、互いに怨讐となって闘う歴史が展開したのです。エルサレムを中心として、十字軍とムスリムが闘い、イスラエルを奪われてしまったのです。ですから、奪われたイスラエルを再び取り戻さなければなりません。しかし、闘って奪い取ってはなりません。

イエス様の時代に国家基準のカインとアベル、右翼と左翼の立場で平和の基準をつくっていたならば、カインとアベルの闘争歴史は、霊界でも地上でもすべて解決されたことでしょう。しかし、国家形態の基準を準備したイスラエルが亡国の種となることによって、「再臨」という名詞が登場するようになりました。

第二イスラエル圏を中心として、ローマ圏を支配することができ、乗り越えることができる世界版図圏がキリスト教です。イエス様の体を失ってしまったので、霊界を代表するキリスト教を中心とした連合国が、第二次大戦を通して枢軸国と戦って勝つことによって、キリスト教文化圏が世界を統一するようになりました。

キリスト教が世界を統一することによって、霊肉が一つになることができる時代となり、怨讐《おんしゅう》の世界を完全に占領したので、連合国と枢軸国が天の側の世界に帰属することができました。この基盤を中心として、旧教と新教が一つになった立場に立って、キリスト教文化圏を代表して来られる再臨主を迎えていたならば、その時から統一天下の運勢を受け、一九四五年から三年半ないし七年、一九五二年には、統一天下を成し、その時に神様の王権即位式が終わっていたことでしょう。

しかし、キリスト教は統一教会を受け入れることができませんでした。今でも彼らは、妨害して追い出そうとしています。それはなぜでしょうか。ユダヤ教がキリスト教に対して、最後まで反対しながら妨害し、滅びざるを得ない立場に立つようになったのと同じです。今、キリスト教が統一教会に反対しながら全く同じ道を行っています。宗教圏はみな同じです。キリスト教が神様のみ旨を果たせないように、仏教と儒教、イスラームなども同様に困難な道を行っています。

その結果、家庭から社会、国家、世界など、どこもみな地獄のようになってしまいました。神様が願われた愛の理想圏は、地球星《ほし》で見いだすことができないという結果になりました。アメリカのような大国にも、神様が訪ねていける心と体が一つになった真なる息子と娘、神様が願われる堕落していない本然の基準で夫婦の心と体が一つとなった家庭はありません。父母と息子、娘が争わない家庭がありません。個人主義化してしまったこの世の中は、すべて分かれるのです。

回り道をした歳月

神様は、人間を相対理想を中心として造りました。すべてがペア・システムから成っています。鉱物世界もペア・システムであり、植物世界もペア・システムであり、それから動物世界もペア・システムなのです。天と地もペアとして一つになるべきなのにもかかわらず、分かれたのです。すべてが分かれて反対になりました。反対になってしまったというのです。それをどのようにしてひっくり返して合わせるのでしょうか。それは、誰がしなければならないでしょうか。蘇生《そせい》、長成、完成！　蘇生的アダム家庭において失敗し、長成的メシヤも国家的基準において失敗したがゆえに、その国家的失敗の内容を逃れることができないので、世界、ローマの限界線を越えなければなりません。世界圏まで越えなければならないというのです。

イエス様が国家を越えて訪ねていくべき峠が世界的舞台であったので、世界の舞台に向かって越えていかなければならない時が必ず地上に来ます。再臨主は、イエス様の理想を越えなければならないので、国家的基準ではなく世界的基盤の上でキリスト教文化圏を相続し、そこから出発しなければなりません。

しかし、相続されるべき立場のキリスト教、すなわち旧教と新教自体が争っているので、統一しようとは考えることもできずにいます。結局、キリスト教を統一することができる時まで、必ず争いを続けるはずであり、その争いを続ければ続けるほど宗教圏も滅びるしかありません。最後の日には、道もなく、手も出すことができないので、仕方なく主人であるメシヤを求めるようになるのです。

今、天も失ってしまい、宗教と世界、国、社会、家庭はもちろん、すべてのものを失ってしまったので、すべてを否定する時代に入るようになります。「おじいさんとは誰か、父母とは誰か、夫婦とは誰か、子女とは何だ」と、すべてを否定する時代になりました。「どこに天があり、どこに神様がいて、どこに宗教があるのか」、「どこに社会があるのか」、「どうして家庭が必要なのか」と言って、すべてを否定するのです。

この世はペア・システムでつくられました。動物は子供を産むためにペア・システムが必要ですが、人間はそれにも及びません。享楽的な基準のペア・システムは一時的なものであって、永遠という概念はありません。男性も女性も、愛の神様の理想的基準とは完全に掛け離れた、堕落した天使長の個別的な立場にみな落ちていきました。

ですから、愛の道をそのまま通り抜けていくことはできません。人間の本性的な愛の道は、神様と一体となることができる道なので、人間の修養や決心だけでは最後まで情欲を克服することはできません。

それゆえに、悟りの道を行く人がいるとすれば、サタンが霊的に妨害します。美男子が修道を行って天性に近づいていける立場に立てば、美女がやって来て、抱き抱えて試験をします。ですから、「私を抱いてください、ぎゅっと抱いてください！」と言うときに、抱けばそれでおしまいなのです。男性であれば美女が現れ、女性が修道を行えば、男性が「抱いてください」と言い寄ります。しかし、男性は天使長の立場なので、「抱いてください」とも言いません。ですから、女性は、そこで目を開けただけでも終わりなのです。

愛を中心として展開するこのような霊的、肉的な生死判決の闘いは、修道を通して霊的に体験をしなければ分かりません。これが克服し難い問題であり、サタンの（活動）舞台の中の（活動）舞台になっています。神様は、この（活動）舞台を奪って理想の位置に戻さなければならないことを知っているので、千辛万苦、それを元に戻そうと、万万世繰り返してこられましたが、それでもこの問題は継続してきたので、宗教のみ旨を立てようとする神様は、今まで力なく失望に失望を繰り返してこられたのです。

それは上がっていく道ではありません。個人から家庭、氏族、民族、国家まで行って下りていくときには、国家の基準から氏族の基準に、氏族の基準から家庭の基準に落ちていきます。このようにしてどん底まで落ちていき、そこで失敗すれば他の所に回っていくのです。ですから、数千年の歴史がかかりました。逆回りです。

旧約時代の二千年を見れば、これが霊形体ならば、霊形体圏に至るまでは次に上がっていく方法がありません。誰かがそこに穴を開けて、生命体圏まで上がっていかなければなりません。そうでなければ、二千年という限界線が再び訪れるまで、蘇生《そせい》、長成、完成の三段階に分けて復帰歴史の基準が満ちる時までは、回り道をし、すべり、再び巡ってくるのです。東洋で始まったものが西洋で始まり、天で始まれば地で始まって、それが一つにならなければつぶれてしまいます。

そのような転換の時期に、東洋と西洋でそれぞれ文化背景が異なるので、メシヤの代理的責任をもって世界人類を東西、四方で収拾してきた宗教形態が、正に仏教や儒教やイスラームやキリスト教です。

それでは、再臨主とは誰なのかというと真《まこと》の父母です。真の父母は何をもってくるのでしょうか。真の愛と真の血統をもってきます。偽りの父母とは何でしょうか。偽りの愛と偽りの血統をもたらしたものです。

堕落していない本然の世界においては、神様を中心として家庭を成さなければなりません。真の息子、娘の家庭を成そうとすれば、血統が連結されなければなりません。真の父母の子女になろうとすれば、真の父母と血統が連結されなければなりません。「父母と子女」という言葉、「父または子女」という言葉は、血統が連結されなければ絶対にあり得ません。それは、神様も分けることができません。堕落したサタンも分けることができません。それによって、蕩減《とうげん》復帰がなされるのです。

真の神様の血統、本然の基準に接ぎ木して、偽りのオリーブの木の畑だとしても、真のオリーブの木の血統に、愛を中心として、一心、一体、一念となって、生死の境を行き来しなければなりません。

個人的な生死の境、家庭的な生死の境、国家、世界の生死の境、いかなる犠牲があるとしても越えていこうという、そのような心情をもった人は、サタンが関与することができません。国家基準以上に越えていけば、既に完成圏、直接主管圏内に入るので、サタンとは関係を結ぶことはできません。

イエス様も、もし結婚していたならば死にませんでした。殺すことはできません。結婚していれば、相対理想の直接主管圏に連結することができるのです。原理でいえば、責任分担を完成した基準になるので直接主管圏内に入ります。直接主管圏では、神様の血統と連結されているので、サタンには断ち切るすべがありません。そこに向かう過程で堕落することによって、心情一致し得る位置に行くことができなかったために問題になったのであって、アダムとエバが夫婦となって愛し合ってさえいれば、永遠に堕落することはできないのです。サタンが引き離すことはできません。しかし、この過程で実が実りませんでした。実が実っていなければ、いくら実を土に埋めても芽は出てきません。ですから、永遠の生命ではなく死んだ生命になったので、それを処理する所が地獄なのです。神様とは関係がないというのです。

父子関係というものは、父母の血統が連結されなければなりません。その血統は、そのままでは連結されません。一人では血統が連結されません。男性一人だけの血ではできません。男性と女性の血統が一つにならなければなりません。宇宙の根本道理は、性相と形状の血統が一つになったその位置で、つまりお互いが喜ぶ立場において、性相である心が喜べば形状である体も共に喜ぶことができる位置で人間を創造したというのです。

そのように、その見えない形態が見える実体を迎えれば爆発が起こるのです。水は水でも、温めれば水蒸気になって完全に見えなくなります。同じように、とても熱い位置にいる神様が冷たい見える実体とぶつかれば爆発するのです。

神様は、自体的性相と形状の愛を中心として平たい水溶性を帯びた球形で存在します。しかし、それは、内的運動が外的に現れないので刺激を感じることができません。

ところが、この実体に刺激的な対象が生まれることによって、熱いものが冷たいものとぶつかるので爆発するのです。内的に心と体が血統を通して愛で和合し、生命で和合すれば、その瞬間には相違なる喜びを感じますが、実体で感じることができないのです。これが相対的実体によって、爆発することのできる刺激を感じてこそ、天地が一つになるのです。

爆発すれば運動が起こります。愛というものを軸として運動が展開するので、永遠に愛そうという心さえあれば、永遠に回転することができるのです。ですから、中心に神様をお迎えして暮らすことができる家庭となり、永遠に運動することができる原動力によってその家庭で種から芽が出るのです。

芽が本然の実に、神様と同じ実の位置に戻ろうとするので、幹が東西、四方に大きく育って完成し、大きく広がった枝ごとに実を実らせることができる、そのような環境形態ができるのです。

アダム家庭を中心とした実体の大きな木のように、それを中心として、アダムとエバとして創造した実体的対象を繁殖させて東西、四方、世界に満ちあふれさせ、天の国の民を繁殖することができる数多くの分工場を拡張するのです。そうすることによって天の民をいっぱいにし、霊界にいらっしゃる神様と地上の実体の父母が共に暮らしながら、協力してそれを生産するのです。そして、それらが一体となって霊界で永遠に暮らすことができるようになり、天上世界の国と民と地を中心として地上・天上理想を完成するというのです。

今までキリスト教は、カインとアベルが一つになって霊界、すなわち霊的基準で基台をつかんできました。キリスト教は、霊界を収拾したのであって、地上世界を収拾することはできませんでした。地上世界を収拾しようとするので、闘わなければなりません。

国家を越え、民族を越えて単一民族を形成するために、連合国と枢軸国が互いに怨讐《おんしゅう》となって戦った第二次大戦において、連合国が勝利したのちに、初めてそれを消化するようになりました。カインとアベルが消化され得る時が来たというのです。この基準で、第二次大戦以後にアメリカをはじめとするイギリスとフランスが受け入れていたならば、統一教会は一躍、三年以内に峠を越えていたはずであり、七年以内にすべて終わっていたはずです。

このようになっていたならば、今日、私たちがいう地上・天上天国が、統一的な民族形態の基盤の上で成されるのです。分離されていた霊・肉界が一つになるのです。

イエス様の体が霊と肉に分かれました。再臨時代までの二千年間、苦労しながら蕩減《とうげん》して備えられた勝利の覇権を引き継ぐことができるこのような基準と、霊界の父母の位置に行ったイエス様が二千年間霊界を収拾して勝利したものとを一つにしなければなりません。それは、イエス様ではできません。イエス様は結婚できなかったからです。イエス様が結婚させることはできません。神様も祝福することはできません。

祝福を通して血統を転換し得るお方が真《まこと》の父母です。偽りの父母が現れることによって、神様とサタンが闘うような状況が生じてしまったのですが、その闘いを終わらせるためには、真の父母が中間に立って、「あなたはこのような理由で闘うのでしょう。神様はこのような理由で闘うのでしょう。それでは、私がそのような状況を変えてあげます！」と言うのです。それで「変えてもいい」と言えば、終わるのです。

ですから、神様とサタンまでも和解させ、ユダヤ教と来られる主、それから周囲に存在する宗教と和解させるのです。イエス様が来て、家庭を中心として国家の和合が成され、主権さえもつようになれば、その時にすべてが終わります。

しかし、それが終わらなかったので、世界舞台において、第二次大戦以後に世界国家であるアメリカ――アメリカは、世界の第二次的なイスラエル圏――が、第三次地上・天上の主権、覇権の主人として来られる主人に出会い、地上統一、天上統一の基盤を造成していたならば、第三イスラエルの天国出発と同時に、第三解放圏である地上・天上天国の解放へと連結されたことでしょう。

それが四十年間回り道をして今日まで、五十六年の歳月が過ぎ去りました。そうして、きょうこの神様王権即位式をすることができたということは夢のような話です。

即位式は誰が行うのか

神様の即位式を誰がしてあげますか。初めに誰が即位式を台無しにしたのですか。サタンとアダムが台無しにしたのです。アダムとエバが真の父母になれなかったことによって、サタンが入り込み、この地上に真の父母の血統的基準を立てることができませんでした。堕落することによってサタンの血統が残ったので、これをすべて否定してひっくり返すことは、神様にもできず、サタンにもできません。今までサタンが自分でつくってきた国を、自分で壊してしまうのは難しいのです。誰でも、自分がつくったものを改造することになれば嫌がります。サタンも同じです。

それを神様がひっくり返すことはできません。神様がひっくり返すことができるのならば、エデンの園でアダム家庭を失うことはなかったでしょう。いずれにしても、理論的にも神様が手を出せないということは間違いないので、神様が手を出せないことに手を出せる人物が誰かというと、完成したアダムです。本然の愛の家庭をもてるそのような家庭は、アダム家庭以外にはありません。

その家庭とは何でしょうか。今日、祝福家庭の皆さんは、「祝福中心家庭誰々の名によって祈祷します」と言います。「誰々の名」とは、世界を代表しているので「誰々の名」と言うのであって、その時には、「アダムの名によって祈祷します」と言うのです。千万後代の人たちは、アダム一人の実です。実というものは、いくら多くても、その価値は同じです。

ですから、「祝福中心家庭誰々」とは何ですか。万国が競争しています。すべての祝福家庭がみな「中心家庭」だと言いますが、すべてが一等だとみなすことができますか。千人が中心ならば、競争しなければなりません。武道大会に出て競ったり、相撲を取ったり、力比べをして闘わなければなりません。闘って勝ってこそ一等になります。

ここには、四千家庭以上集まりました。しかし、一等は一つしかありません。マラソン大会で何百人が走ったとしても、一等は何百分の一です。ですから、一等、二等、三等！　普通は何等まで賞をあげますか。オリンピック大会でも、メダルを与えるのは何メダルまであげますか。金メダル、銀メダル、銅メダルです。三等、三段階まで該当します。すべてのものは三数です。三数が一つの峠です。すべてが三数になっています。

それを見ると、良心的な人たちや精誠を尽くす人たちは、競技をしたとしても、自分でも知らずに天地の度数に合わせるようになっています。中央を知らないだけです。この周辺の中に入っても、中央を知らないだけであって、ここでは度数に合わせるのです。

ですから、十二カ月がそうですし、今日の測定器を見ても、十進法、十二進法を使っています。十二進法を中心として見れば、その十二カ月自体が中心ではなく、十二カ月の中心がなければなりません。三六〇度を回っていくにおいて、中心がなければ三六〇度を見分けることはできません。ゼロ点がなければなりません。ゼロ点とは何でしょうか。固定した立場で、永遠に変わらない位置を備え得る定着基盤なくしては、三六〇度の方向はすべて混乱してしまいます。

中心が問題です、中心！　復帰も中心なくして完結できますか。祝福家庭の中心とは何ですか。誰が祝福をしてあげますか。父母がしてあげるのです。誰が結婚式をしてあげますか。自分の息子、娘に、血統を一つにして父母に似るようにする結婚式を、誰がしてあげますか。堕落していなければ、誰がしてあげたのでしょうか。父母がしてあげるのです。天使長に引っ張られていったので、今日の結婚式は、社会の有名な人、名のある人が主礼をします。横にはしごを掛けて上がっていこうと考えているのです。

　昨年の十月十四日、聖人と先生の息子、娘、祝福を受けた家庭と一つになって、宗教界の統一式をしました。そのようにしながら語ったこととは何かというと、先生は「家庭の王だ」ということです。今まで家庭の王、天地を代表した中心の立場に立った家庭の王がいましたか。家庭の王になろうとすれば、すべてのものの中心にならなければなりません。父母の中の父母にならなければなりません。それから、長子の中の長子にならなければなりません。長子の王が先に家庭をもつのです。

　結婚に逆婚（注：兄弟姉妹の中で年の若いほうが先に結婚すること）というのがあるではありませんか。結婚をひっくり返してすることはできません。順序どおりにしなければなりません。最近では、逆さまにして騒いでいます。またそれは、復帰という内容と相通じるところがあるので、このようにしても合い、あのようにしても合い、逆さまにしても通じるというのです。本来は、長子、次子と、生まれた順序どおりに結婚しなければなりません。韓国には「逆婚」という言葉があります。それはいけません。

　その順序が逆さまになれば、ひっくり返ってしまいます。世の中は、すべてそのようになっています。これをどのようにして合わせますか。そのように混沌《こんとん》となっているので、最近は親族相姦《そうかん》関係が現れています。姦淫《かんいん》するという話です。おじいさんが孫娘と暮らし、おじいさんが嫁と暮らしています。親族相姦関係が生じたのです。そのような人々は、中心が分からずに回っているので、お互いにしがみついて暮らそうとしているのです。

　このようなことをする大混乱時代、家庭的大混乱の時代です。一家、親族を問わず、自分の系列をつかむことができずに、一度なのか、ゼロ度なのか、三六〇度なのか、一八〇度なのか分からないので、互いに回りながらゼロ度でも、三六〇度でも、一八〇度でも合わせてみるのです。

それゆえに、民族を移動して、世界が乱交する事件まで起こります。今、そうでしょう。外交官という人たちが外国に出ていけば、その国にどのくらい旗を差してくるのか、どのくらい女性たちと相姦《そうかん》関係を結んでくるか分からないという乱交時代の様相となりました。

このようなことを誰が収拾しますか。神様もエデンの園でアダムとエバが堕落するのを干渉できず、サタンが結婚することも干渉できなかったので、終わりの日に干渉する方法がありますか。病の根源を取り除くことができなければ、その病のために死ななければなりません。滅びるというのです。結局、偽りの愛、偽りの生命、偽りの父母によって偽りの血統が生じたので、真《まこと》の父母が来て、これをもう一度否定して蕩減《とうげん》復帰しなければなりません。

したがって、「死のうとする者は生きる」という言葉は、蕩滅される時まで生き残ってこそ成立する言葉です。つまり、死亡世界で生きている者が死ぬような境地に立ったとしても、生き抜くことができる余力があってこそ生き残るということです。死ぬことを悲しみ、逃げ出したいと思う人には、永遠に復活圏はありません。ですから、聖書では「生きようとする者は死に、死のうとする者は生きる」という話があるのです。

それでは、もし神様が死のうとすればどのようになるでしょうか。神様が生きようとすればどうですか。永遠に希望がないというのです。それは、そういうことです。人が死のうとしてこそ生きて天国に行くとすれば、神様も同じです。神様がもし死んだ立場、堕落圏内に巻き込まれているならば、それを抜け出すためには、神様も死のうとする立場に行ってこそ生きるのであって、生きようとすれば神様も？（死にます！）。

先生はどうですか。先生も同じです。先生も生きようとすれば死に、死のうとすればどうなるのですか。それゆえに、統一教会の文《ムン》教主がメシヤとなり、真の父母になろうと考えたでしょうか、考えなかったでしょうか。そのように考えたのなら、毎日死ななければなりません。毎日、毎日、「死ぬ」と言って大騒ぎしなければなりません。死なない環境でも、死ぬようなことをしなければならないという話にもなるのです。

竹には節目があります。節目ができるときには、新しい節目が出てきます。育てば育つほど大きな節目が出てきますか、小さな節目が出てきますか。根元の節目が太いですか、てっぺんの節目が太いですか。節目がたくさんできればできるほど、細くなるのです。それが理想的です。太くなれば、冠をかぶって偉そうにふんぞり返ったようになってしまいます。この竹は、大きくなればなるほど先が細くなるので、その中に入っていこうとしても入っていく所がありません。

ですから、神様も同じであり、真の父母も同じなのですが、天の国に行こうという人はどうですか。気も狂わんばかりでしょう。神様も、生きようという人間の一生命、一生命を生かすためには、その反対に死の場にまで行かなければなりません。そのようにしなければ生かすことができません。崖《がけ》から落ちた人をひもで縛って助けようとすれば、死ぬほどの力を注いで平地に引っ張り上げなければなりません。そのように生きるか死ぬかの基準を越えて初めて、人も生き、神様も生きるのです。

それゆえに、天国に行きたい人は、神様が何千万回も死の峠を経てこられたので、何千万回死の峠を行っても、その峠を越えなければならないのです。あとで神様も疲れてしまいます。私よりも年を取っているからです。一番年を取っているでしょう。おじいさんの中の大王のおじいさんとは誰ですか。神様です。ですから、ひもで縛って平地に引き上げるのにどれほど力を使ったでしょうか。ですから、私が引き上げられれば、神様は間違いなく疲れて倒れてしまうというのです。

そのようになればどうしますか。背負って病院に行かなければならないでしょうか、行ってはならないでしょうか。病院がなければ、仕方なく、どのようなことをしてでも助けようとしなければなりません。祈祷をするとか、死の峠を踏み越えていく道しかないという結論が出てきます。メシヤ、あるいは救世主という人は、神様よりも苦労しなければなりません。神様を遊んで暮らすようにさせ、自分は死ぬほどの苦労をしようと思わなければなりません。

世界のために重荷を負う覚悟を

神様を死なせて、自分は遊んで暮らそうという人がメシヤになれるでしょうか。統一教会に入ってきた皆さんも同じです。先生は死ぬほど苦労するのに、自分は遊んで暮らそうという人がいるなら、天国に行かなければなりませんか、地獄に行かなければなりませんか。「先生は、私の言うとおりにしてください！　先生は今、社会のことも知らないようですが、それではいけない！」と、そのような話を聞かなければなりませんか、聞いてはなりませんか。生きるか死ぬかという課題が残っているのに、生きるために陰で何かをたくらむようなことが通じますか。一緒に死のうとしてこそ、一緒に生きるのです。自分一人だけ生きようとしてはいけません。「父親が賢いのか愚かなのか分からないが、息子、娘のために先に死のうというのが父親の心であることは間違いない」と思うときには、父親がするとおりに最後まで行動しなければ別れてしまいます。最後の局面になって別れるのです。

父親は死のうとするのに、自分が死ぬまいとすればどのようになりますか。別れますか、別れませんか。父親の行動と息子の行動が別れれば、地獄の行動と一体になるのです。そのような行動に従っていった孫は、おじいさんの懐に抱かれて一度のキスもできません。

皆さんの中で、今まで統一教会を信じてきながら、先生以上、神様以上に苦労してみようと思った人はいますか。特に西洋の人たちの中にそのような人がいますか。「いかなる困難があっても、私は先生が迫害された以上の立場を越えよう。それは問題ない」というそのようなコンセプトをもっていますか。西洋の人たちは「自由、自由、自由！」と言っているでしょう。いくら西洋の教育制度が良くても、皆さんには自由のコンセプトしかありません。家庭観、社会観、国家観、世界観、宗教観、神様の摂理観のようなものがありますか。アジアの教育と西洋の教育は、一八〇度違います。家庭観も違います。

ですから、終わりの日に西洋は滅びるのです。特に、ここに集まっている西洋の家庭は、きょうの記念日を忘れてはなりません。皆さんは、過去の宗教指導者たち、イエス様、そして再臨の時の先生がどれほど多くの困難を克服してきたかを知りません。個人主義の観点では、そのようなことを知ることはできません。

氏族、民族、国家、世界、天宙のコンセプトがないではないですか。どのようにしてそのようなことを教え、悟らせるのでしょうか。先生が個人観、家庭観、社会観、国家観、世界観、宇宙観を完成し、神様を解放しなければならない、ということを教えてあげました。小さなことから始めて、神様を解放する最高の段階まで上がってきました。

どのようにしてそれを成すのでしょうか。心と体を統一することから始めるのです。絶対的に心と体が一つになった立場から、家庭、国家、世界、神様まで進んでいくのです。

西洋の人たちがいくらその位置まで進んでいきたくても、進んでいくことはできません。なぜ進んでいくことができないのでしょうか。個人主義のコンセプトをもっているからです。それが怨《おん》讐《しゅう》です。それが神様の怨讐であり、宗教世界の怨讐であり、良心世界の怨讐です。すべてのものの怨讐です。それはサタン、天使長の立場に連結されるのです。皆さんは、ここに見物に来ましたか、先生のみ言《ことば》を聞き、困難な峠を踏み越えるために来ましたか。それが問題です。そこに個人主義的概念はあり得ません。それを知らなければなりません。

ハーバード大学を出て、エール大学やオックスフォード大学を出たとしても、問題は同じです。かえって、労働者やできの悪い人たちのほうが良いのです。フリーセックスを好む人たちは誰ですか。白人たちですか、誰ですか。黒人がそれを好むとすれば、白人から教わったのでしょう。このように思わなければなりません。フリーセックス、ホモ、レズビアン、このような者たちは、間違いなくエイズにかかるようになるのです。

エイズと麻薬のために全滅するようになっています。アフリカは、六〇パーセントがエイズにかかっています。十五年、二十年以内に滅びると思うのです。エイズの潜伏期間は、八年から十二年です。二代ですべて滅びます。

きょうの行事のために、付き添い人として立った人たちは自信がありますか。先生についていく自信がありますか。先生が神様を解放したのなら、皆さんは先生を解放しなければなりません。数多くの国々がいまだに解放されていません。ですから、皆さんを解放して百二十カ国を解放させようというのです。イエス様の百二十門徒がマルコの家の屋根裏部屋で解放されましたが、その百二十門徒に当たるのが世界の国家の代表たちです。国家の王にならなければなりません。統一教会を中心として、皆さんが総督となって百二十カ国を復帰しなければなりません。

皆さんは責任を果たしましたか、果たせませんでしたか。祝福家庭は、南北統一のために統班《トンバン》撃破《ギョッパ》の活動をしています。統班撃破の活動をきちんとしたとしても、世界が一つになることはできません。国連を残しておいて、世界が一つになりますか。皆さんは統班撃破をし、私は国連を動かすのです。

国連を中心として見るとき、ＮＧＯ（非政府機構）もたくさんの問題点を抱えています。この人たちに「一番難しいことをしなさい」と言えば、それをする人がいますか。ＮＧＯの責任者たちは、現在の政権や社会悪を中心として、どうだこうだと指摘しますが、先生のように、国連の役割と共産主義を料理する問題など、そのようなことを指摘しますか。あまりにも次元が高いので、聞いてからぽーっとなります。そのような次元の高い内容を知って、初めて反対することができます。彼らは「正しいことは正しいです」と言っているのです。

青少年の淪落《りんらく》と家庭破綻《はたん》、エイズ問題、特に純潔な血をどのようにして残すのかという問題は、彼らには分かりません。それに対する解決方法は、大統領や国連事務総長など、誰も分からずにいます。彼らは「これはうそのようだ、本当だろうか」と言います。

世の中は、ずる賢いのです。誰かが大統領になれるといえば、どやどやと群がります。そのようにあまり歩き回ると、糞《ふん》ばかりがくっつくのであって、金の粉が付くでしょうか。皆さんは、そのような人たちにどやどやと付いていきますか、付いていきませんか。では、先生に付いていきますか。先生は、どやどやと歩き回るよりも、もっと早く歩き回りますが、どうしますか。私は南米に行って何年間か働きました。今からは「環太平洋時代が来た」と言って、「海で鯨を捕まえよう。金の延べ棒を探そう！」と言うのですが、皆さんは付いていきますか。皆さん、入籍する自信がありますか。入籍の修練を受けたとしても、パスする課題を残しているということを知らなければなりません。

さあ、きょうの主題は何ですか。神様王権即位式をする前に必要な話は、もう終わりました。何があっても、死のうとする道を行かなければならないということです。

皆さんも、今から息子、娘たちに自分たちの先祖、金《キム》氏なら「金氏の先祖即位式だ」と言わなければなりません。朴《バク》氏なら朴氏に対して、朴氏先祖王権即位式ができないなら長官式でも、それもできなければ局長式でもして、初めてその国の所属になるのです。そのような競争時代に入ったということをはっきりと話さなければなりません。今から、神様王権即位以降に守らなければならない条件をはっきりと教えてあげようと思います。

今まで問題は何かというと、血統が問題です。「血統」は英語で何というのですか。ブラッド・リニージ（blood lineage）です。それが最も重要です。自分の国の王は重要ではありません。父母も必要ありません。社会団体や政府も関係ありません。学校も関係ありません。それらはつばを吐いてしまわなければなりません。今、この世界には多くの国がありますが、神様に属したものは一つもありません。

サタンに属しているというのです。もう、ほかに方法がありません。神様に従い、真《まこと》の父母に従う以外には、中心の位置はありません。アメリカ大統領であるジョージ・W・ブッシュ大統領がアメリカの中心ですか。ゴアと闘って、得票はゴアのほうが多かったのです。選挙人団か、何か、そのために負けました。終わったというのです。

アメリカは、CIA（中央情報局）とFBI（連邦捜査局）を中心として、弱小国家に「おい、民主主義と両院制を選択しなさい」とは言えなくなっています。「自分の国のことをきちんとしなさい、こいつ。誰のためにここに来て大きなことを言っているのか」と言われてしまうのです。民主主義がなければ、今から西洋の人はどのようにして生きていきますか。ですから、私がブッシュ大統領に会ったなら話すことがあるのです。

任期を四年制から八年制に延長しなさいということです。政権が交代したあと、四年間競争ばかりしていて、どうして仕事ができるのですか。国の財産、国家の財産をすべて消耗してしまいます。一つの峠が八数なので、八年間はしなさいというのです。男性と女性がいるので、民主主義的にしようとしても十六年間はしなければならないのです。また、家庭を中心としてその二倍するようになれば、三十二年間はやってこそ、死んでいた国でも生かすことができる可能性があるというのです。四年間でどうやってするのかというのです。二年もたたずに選挙運動を始めるので、民主主義をしながらすべて滅んでしまいます。原理が許しません。

今後、王権時代に入っていきます。どのようにして入っていくのですか。四年を八年にし、男性と女性がいるので、十六年ずつ、それを一次、二次とすれば、三十二年間することができます。天下の王が三十二年だけの王でいいですか。ですから、王権時代に入っていくことは問題ありません。

そして、アメリカのような自由世界、民主世界は、「ユニオン(労働組合)」のために問題を抱えています。しかし、考え方によっては、ユニオンは問題ありません。労働者と農民のユニオンがあるのと同じように、株主、ストックホルダーのユニオンをつくりなさいというのです。「労働者のユニオンと株主のユニオンが一つになって、自分たちの家庭と子供と妻をきちんと食べさせて生かさなければならないので、去年の生産量よりも今年はもっと高めなければならない。高めなければならないから、労働者ユニオンと株主ユニオンが競争しよう。それで、利益が出たものは、三年間、主人に与えずに自分たちで分けるのだが、労働者のユニオンが一生懸命に働けば、その何パーセントかを多く与え、株主のユニオンが一生懸命に働けば、その分もっと多く与えよう」と、このようにするのです。そうすれば、争うでしょうか。西洋社会で、このように考える人はいません。

それができないときには、「宗教連合の世界組織よ、集まれ。全世界の祝福家庭、集まれ。私たちで宗教ユニオンをつくろう」と言うのです。そのように「宗教ユニオンをつくりなさい」と言えば、つくりますか、つくりませんか。（つくります）。

統一教会の人たちは、生涯奉仕しようとしているので月給の三分の一も必要ありません。会社がつぶれそうなとき、「稼いで補塡《ほてん》しながら私は働く」、そこまではしなくても、「もらった給料から三〇パーセントを会社に捧げて働く」と言えば、ユニオンたちはどうなるでしょうか。私にアメリカを任せてみなさいというのです。三年から七年以内に、みなきれいに整理できます。

それは、可能な話ですか、不可能な話ですか。希望的な話ですか、絶望的な話ですか。ですから、「ユニオンも退きなさい」と言うならば、共産党は退いていくのです。ロシアにユニオンがありますか。中共にユニオンがありますか。北朝鮮にユニオンがありますか。先進国にユニオンが現れた原因はどこにありますか。ロシアが外交政策で、その国を滅ぼそうとユニオンを支援してきました。先生の話したとおりにすれば、ユニオンがもっている問題点を解決することができます。

今からは、このように見ようとあのように見ようと、好きでも嫌いでも、東洋人であろうと西洋人であろうと黒人であろうと、人という人は、文総裁《ムン》の言うことを聞かなければ困るようになります。ですから、初めから困った立場に立たずに、きょうから新しく決意しなさいというのです。一度決意すれば、いくら困難な迫害があったとしても変わってはならないというのです。今からは確信をもたなければなりません。

「祝福中心家庭誰々の名でお祈りいたします」と言う人たちは、家庭から氏族、民族、国家、世界、天宙まで、アダムとエバが家庭を破綻《はたん》させたことをすべて収拾して、自分の一族はもちろん、国までも天の前に捧げなければなりません。氏族基盤は国を建てるためのものです。氏族の財産を売って国に税金を捧げてでも、国が豊かにならなければなりません。

今から、天の国の組織は、サタン世界の行政組織よりも立派でなければなりません。サタンの先進国家に王宮があれば、その王宮よりももっと素晴らしい王宮を造らなければならないようになっています。天と地の民が喜んで休息できる空間をもったビルを造らなければなりません。

人間が守るべき三大鉄則

生涯、飢えて暮らしたとしても、そのようなものを自分の一族で造っておかなければ、天国に行く面目がありません。先生の前に面目が立ちますか。それから、大使館を造り、学校を造らなければなりません。祖国の教育をしなければなりません。そして教会を造らなければならないのです。祭祀《さいし》の方法を教えてあげなければなりません。そのようにしてから自分の家を建てなければなりません。それまでは、負債を負った者です。

孝子とは何ですか。父母が死ぬ立場にいれば代わりに死ぬ人です。忠臣とは何ですか。国王が滅びようとすれば代わりに滅び、死ぬとすれば先に死ねる人です。聖人や聖子《せいし》も同様です。

今年の標語は何ですか。「解放された天地父母と子女が一心一体となって、真《まこと》の愛の主体性である絶対、唯一、不変、永遠のみ旨が完成されますように」。「解放された天地父母と子女が一心一体となって」という言葉の間に、水が入り込むすき間がありますか。空気が入り込むすき間がありますか。太陽の光が入り込むすき間もありません。「一心一体となって」、それから、真の愛です。真の愛で一つになるのも、一心一体となってこそ一つになります。天地父母と一つにならなければなりません。父母と子女が一心一体となってこそ、真の愛が生じるのです。一心一体となってこそ、真の愛です。

真の愛の中に何ですか。「中心的主体性」です。「中心的主体性のみ旨が完成されますように」です。これは、一年だけの標語ではなく、三〇〇〇年までの期間、誰もが守って実行しなければなりません。

今回、祝福家庭は、「三時代大転換四位基台入籍統一祝福式」という名のもとで祝福を受けました。それを中心として生活すればいいのです。

今日、この新千年時代にすべきこととは何でしょうか。これまで、神様も解放されませんでしたし、真の父母も解放されませんでしたが、今、解放された天地父母と子女となったので恐れるなというのです。監獄に入ったとしても恐れるなというのです。自分が早く天国に行きたいのに、若くして行けばどれほどいいでしょうか。損をしますか。天上天下《てんげ》の全宇宙が自分の手に入ってきて主人となるのに、なぜ否定しますか。死ぬか生きるかは、心配いりません。そのようになっていなければなりません。

先生は、食べる物を探し求めていきましたか、み旨を探し求めていきましたか。食べる物に従っていきますか、み旨に従っていきますか。み旨は見えますか、見えませんか。神様は見えますか。愛は見えますか。生命は見えますか。血統は見えますか。良心は見えますか。見えません。見えないので、考えない人には分かりません。

きょう、即位式を行うことによって、国が変わりました。今から、み旨の道のために心配しなければなりません。神様は、今までみ旨の先頭に立つことができずに恨《ハン》を抱いています。御自分がなさりたいとおりにできなかったという恨《ハン》がしみ込んでいます。神様がなさりたいとおりにできるように、後援部隊になりなさいというのです。

「神様、なぜこうなのですか。けさは何か忙しいことがあって、私よりも早く降りていかれるのでしたら、私を起こして連れていくべきではないですか。今までは、神様が人類を起こすために働かれたのですから、これからは入れ替わる時ではありませんか」、「お父様は、息子よりも立派なのに、息子、娘よりも苦労して、やっとのことでここまでして即位式ができるようにしてくださったので、即位式の権限を中心として、号令一つで天下がするっと巻き込まれていくはずなのに、なぜお出ましにならないのですか。私が案内します」と、このように言うのです。

神様がお出ましになられなくても、案内はできるでしょう。今からは時が変わりました。「行わずに心配する人は死になさい」。たった今、私が何と言いましたか。「すべきことを明らかに知りながら、心配する人は死になさい」と言ったのです。死にますか、死にませんか。「全員が死んだとしても、自分だけは残る」と、そのように思わなければなりません。

皆さんは、どのように個人完成をするのか知っているでしょう。個人の心と体がどのようにして一つになるのか知っているでしょう。堕落してサタンの血統を受け継いだ体になったのですが、堕落するときの愛は、堕落していない愛を知らない良心の力よりも強かったというのです。これが問題です。

どのようなことがあっても、体のしたいとおりにしてはいけません。「こいつ、こいつ！　涙を流しても『ありがとう』と言って感謝しなければならない」、「こいつ、なぜ涙を流すのか」と、このようにしなければなりません。「死ななかったので、早く殺してください。血が出てこなければ、血を抜いてください。むちでは駄目です。槍《やり》で横腹を刺してください」と言うのです。イエス様もそうではありませんでしたか。死なないので、槍で刺したのと同様に、血を抜けというのです。祭物になろうとすれば潔くならなければなりません。

今から守るべき鉄則とは、第一に、死ぬほどのことがあったとしても血統を汚すなということです。何の話か分かるでしょう。

第二に、人事措置を間違えて、人権を蹂躙《じゅうりん》するなということです。男性であれ女性であれ、黒人であれ白人であれ、平等です。人権を差別したり、人権を蹂躙したりするなということです。責任者たちは自分と気が合わないといって、むやみに人事措置をしてはいけません。気が合わないからといって、むやみにはできません。

教会の幹部たちよりも、先祖が善なる人はいくらでもいます。何代もたたずに大統領になる家門の人の首を切ってしまえば、自分の先祖ががらがらとすべて崩れます。ですから、先生は、人事措置をあまりしません。上のほうの人たちを人事するときは、くじ引きでします。人権を蹂躙するなというのです。

先生は、どこに行っても、黒人だといって差別したり、出身大学で何かを決定したりはしません。人権を正しく指導するには、真《まこと》の愛、「ために生きる」愛をもって暮らす人が主流です。天地創造は、そこから始まりました。その主流思想を乱してしまうことは、許すことができません。罪の中で二番目の罪です。

第三に、公金を盗むな、公金を自分勝手に使うなということです。以上、三つです。

監獄に入ってみると、そこにいる人の七〇パーセント以上が、これらのことゆえに監獄にいるのです。人権を蹂躙《じゅうりん》し、血統を汚し、男女問題に引っ掛かっています。それから、金銭問題、権力問題です。お金と知識と権力が怨讐《おんしゅう》だったというのです。分かりますか。天の国の憲法第一条とは何でしょうか。血統を汚してはならない、血統を清く保存しなさい、純潔の血統を永遠に守りなさいということです。

今から、祝福を受けた血統は、神様の血代であり、神様の愛と生命を受け継いだものなので、今までの堕落世界に染まった習慣的な行動で汚してはなりません。それを守ることができますか。夫婦になっている人も、配偶者がいなければ一人でもいいので、完全に血統を汚さないという人は、目を閉じて決意し、神様だけを見つめて力いっぱい手を挙げて誓いましょう。誓い！ きょうの記念の日を忘れてはいけません。分かりましたか。夫婦でけんかをしても、「正月十三日、十三数！」と言えば、心を静めなければなりません。

西洋では、「十三」といえば、最も悪い数です。十二カ月の中で中央数です。中央に十二カ月が入っていれば、天地の道理が循環しなければなりませんが、これがないのですべて混乱し、逆理的混乱世界になっています。これを正そうというのが天の願っていることなので、このことを知ったならば、「千回死ぬようなことがあったとしても守らなければならない」と鉄のような決意をする時間として、この時間を受け入れなければなりません。

第二には、人権を蹂躙してはならないということであり、第三には、公金を盗んではならないということです。国家財産略取！　どこかに行って良いものがあれば、ビルから金塊が落ちてきたとしても、それを自分のものにすれば略取です。自分勝手に使うことはできません。先生は、皆さんがもってきたものを受け取りません。お母様を通して受け取ったとしても使いません。それは毒薬よりももっと恐ろしいものです。あの国に行って、がちっと引っ掛かってしまいます。

最も恐ろしいこと、天の国の憲法の第一条は何かというと、純潔な血統を守らなければならないということです。汚してはいけません。女性たちはいつもナイフを手の近くにもっていて、引っ張られていく状況になれば、そのような怨讐には「ええい、どうにでもなれ」と言って、つかんだ相手の手の近くを切ってしまえというのです。それでも、いざとなれば、自分の首を切ることもできるのです。血統の純潔は生命よりも貴いのです。

理想的な夫婦ならば、自分の夫や妻がほかの男性や女性とこのようにするのを喜びますか。黒人はどうですか。白人はどうですか。みな同じです。分かりましたか。一番目が何ですか。純潔であれ！　二番目は？　人権を蹂躙するな！　三番目は？　公金を略取するな！　きょうのこの記念日に、天の国の王権を維持し、皆さんが王権の前に民となり、父母となり、妻子となり、兄弟となるためには、これが絶対に必要です。

それゆえに、兄を無視することはできません。弟の体が不自由だからといって、無視することはできません。親戚《しんせき》を無視することはできません。世の中は、みな無視するでしょう。知識があるといって、大学を出た人だといって、高卒の人を無視してしまいます。それは、人権蹂躙になります。

それから、公金！　国家財産略取の罪です。先生のポケットにあるお金まで、何かの方法を使ってでも抜き出して使おうとするのは、公金略取です。これは、みな犯罪です。余っても、報告して、「これは自分が使う」と言えばかまいませんが、そのまま使えば問題が生じます。行く道に鉄条網が張られます。

ですから、先生は、絶対にそのようなことはしません。献金をしても、私は手を出しません。それでは、どのように暮らしますか。車が必要ならば、稼いで買います。私は、お金のもうけ方を知っています。

一番目は純潔を守りなさい！　分かりましたか。特に西洋の食口《シック》たちは、どのようにして純潔な血統を維持するのかというのです。二番目は何ですか。人権保護！　三番目は公金を略取するな！　皆さんは、たくさんの公金を略取したでしょう。働きもせずに「ああ先生、ひと月に、一週間に一度ずつ家に来てくれれば良い」と思うでしょう。ここに集まって「問題児」になり、規則も守らずに良い所で寝ようとする、それがみな略取です。公的な環境を破壊するのです。国家財産の略取と同様に恐ろしいのです。そのように生きる人は、いくらうまくやろうとしてもできません。そのように生きてごらんなさい。いくら神様の前に祈祷しても、伝道できません。人が門の前に来ても、戻っていってしまいます。

負債を負う人は、天下がみな嫌います。金《キム》氏の家門なら金氏の家門の中で、問題を起こして負債を負うことを好む人がどこにいますか。あとから行く道までふさがれて、逆さまにくぎで打ち込まれてしまうというのです。そのような時が来ます。

この三つについて分かったでしょう。三つを一度、数えてみてください。一人で内心決意したことを、一つ二つ三つ、一つ二つ三つ、一つ二つ三つ、何度も数えてみてください。純潔、人権、国家財産の略取、この問題についてははっきり知って、習慣化しなければなりません。口さえ開けば、目さえ開ければ、そのような言葉が出てこなければ、行動をすることができないのです。

これに付け加える話をするとすれば、先生は、生涯、愚かな人や、ありとあらゆる人を連れて生きてきたので、何らかの事情がないでしょうか。皆さんが生きていくにおいて、何らかの事情がないでしょうか。そのとき、多くの事情があるはずですが、この三つの法に引っ掛からないように努力すれば、その事情にみな打ち勝った人になるはずなので、先生が何も言わなくてもいいでしょう。

父子、夫婦、兄弟が手本となって一つに

では、どのようにしなければなりませんか。どのように生きていきますか。正しく生きなければならないでしょう。正しく生きるのに、一人で暮らすことを正しく生きるといいますか。一緒に暮らさなければなりませんが、正しく生きるということの中には何が入りますか。神様の公式法度として立てられたものの中で、どのような環境、どのような人たちとでも、共に暮らせば正しく生きることになるのかというのです。簡単です。それも三つです。父子関係、夫婦関係、兄弟関係です。兄弟関係は、夫婦の前では子女になります。子女関係、兄弟関係だというのです。

自分の家庭を中心として、父と母がいて、それから、夫婦がいれば、息子、娘がいます。したがって、父母の前で、自分にとっては兄弟関係と同じ姻戚《いんせき》の八親等、四親等以上がみな連結されて入

ります。ですから、父子関係、夫婦関係、子女関係です。これが連結されれば、兄弟は自動的にできるのです。

子女関係を兄弟関係といってもかまいません。彼らと一つになって正しく生きなければなりません。正しく生きるためには、正しく生きることができるように指導しなければなりません。お互いが手本になってこそ、それが正しく生きることになるのです。手本になっていなければ、正しく生きていないということです。父母の前に、夫婦の前に、子女の前に手本となれるように暮らせば、正しく生きることなのです。そのように正しく生きればどのようになりますか。天の国の王がいて、地上の王がいれば、その王たちが正しく生きる家庭を訪問する日が来ます。毎年、年の初めに、その国で最も正しく生きる家庭を訪問して表彰する時が来るというのです。

そのように暮らしたおじいさんから、父母、夫婦、三代が四位基台理想を備え得るそのような家庭に賞をあげるのです。そのような家庭がその国にあれば、先にそのような賞をもらった家庭が、後代に賞を授与することができる責任者、国王を身代わりした国の中心、大統領家庭を身代わりして賞を授与する時が来ます。

これも三つです。分かりましたか。父子関係、夫婦関係、子女関係です。子女関係が嫌ならば、兄弟関係といってもいいのです。兄弟関係が一つになることによって、子女たちがそれを見て、似ていくのです。それゆえに、兄弟関係でも子女関係でも、共同の責任のもとで和解し、影響を及ぼしながら主体的な立場に立つ「ため」に生きた人になれば、天の国の誰も自分を追い出すことはできません。

今から、逆賊として追われて死ぬようなことがあったとしても、この法を守って生きれば、間違いなく天の国の皇族圏となって、どこにでも自由、統一、解放の家庭になります。きょう、これを肝に銘じてくださるようお願いします。これを標語として定めるのです。

三〇〇〇年標語の中で、みな純潔血統、それから、人権平準化、それから、国家の公的財産略取です。それから何ですか。父子間において、夫婦間において、子女間において手本になろうというのです。兄弟といってもかまいません。先に兄弟がすることは、その生活を子女たちが見習うのです。そうではないですか。自分の親戚《しんせき》、親族がみな幸福に暮らせば、息子、娘が見習うようになっています。そうしてこそ、手本になります。町内中がみな、「あの人に従っていかなければならない」と言い、「あの人のように暮らしたい」と言えば、その人は、間違いなく天国の民となり、天の国に記憶され得る人になります。先生自身もそのように暮らしています。

どこに行っても、おじいさんとおばあさんがいれば、昼食の時になると、パンの一つでも買ってきてあげたい、という心をもって暮らすようになるのです。ですから、つらくても天が協助してくれるので、版図がどんどん広がります。どこに行っても、私のために生きる人がどんどん増えていきます。十年暮らしてみると、あの谷間のおじいさんとおばあさんにまでも、共同墓地に行く日を待っているおばあさんのためにも生きようとするので、その町内の犬までも、ほえずに私だけにずっとついて回るのです。

町内の犬さえもほえずに、ぺろぺろなめてくれるように、善なる生活をしなければなりません。もちろん、人間たちもそうです。主人も、愛する人が来たのですから、なぜ反対するでしょうか。

喜んでそうするようになります。皆さんは、先生が好きですか。一緒に暮らしたいですか。餅《もち》をつくように毎日、おしりを三発ずつたたかれても、暮らしてみたいですか。蕩減《とうげん》儀式の代価があるので、たたかれても損害を被ることはありませんし、悪口を言われても損害を被ることはありません。きょう、神様の王権即位式において最も重要な三大鉄則を話しました。それは、私たち人間が公人として必ず守るべきであり、家庭にあっても、国にあっても引っ掛かることのない指針です。この日に、十分に覚えておくに値する内容であることを肝に銘じて、生涯の指針としてくださるようお願いします。では、きょうのこの歴史的な記念行事を閉じることにします。

天一国（天宙平和統一国）宣布のみ言

二〇〇一年十一月十五日
韓国中央修練院

神様の創造理想の始まり

きょうは真《まこと》の子女の日です。子女とは、どのようなものが子女ですか。子女というものは、父母をもった息子、娘を子女というのです。では、皆さんは父母をもっていますか。父母といえば、自分を生んでくれた父母です。父母は一組であって、二組ですか。それでは、統一教会でいう父母とは何ですか。真の父母です。「真の父母」という言葉は誰が作ったのですか。皆さんが作ったのですか、先生が作ったのですか。そのようなことを考えれば、謎《なぞ》の言葉です。信じられない言葉ではないですか。信じられない言葉を信じるという事実が立派なのです。

神様を見ましたか。見たことがないでしょう？　神様がお父様なのか何なのか、どうして分かるのですか。それは理論的に正しいというのです。絶対的な真の神様の前に息子、娘となった、そのような父母を受け継いだ自分自身になっていなければならないのですが、現実の自分自身を見てみると、それを受け継ぐことができなかったために、左右に偏った夫婦になっており、父母になっており、息子、娘になっているというのです。絶対的な一つの世界の伝統のもとにいるのではなく、主人が二人いる結果の世界にいるというのです。

ところで、私には、心の私がいて、体の私がいるということを知らなければなりません。それでは、体の私とは何であり、心の私とは何でしょうか。そして、それは、どこに属しているのでしょうか。日本人は、日本の国に属しているのでしょうか。日本の国は過ぎ去っていくというのです。アメリカ人は、「アメリカが世界の最強国だ」と言い、「先進国だ」と誇り、「自分たちが一番だ」と主張するのですが、不変の一つの真《まこと》の父母というものは、アメリカも越えていくのです。それを越えていき、越えていき、越えていって第一の人類始祖に行くのです。根本に行ってみたとしても同じです。アダムとエバも同じです。

根本となるアダムとエバの立場も越えて、その場において必ず絶対的な真の神様と真の父母がいたはずなのですが、そのような立場になることができず、今、私たちが、神様も分からず、真の父母も分からずに暮らしているのを見るとき、父母が本物なのか偽物なのか分からない立場にいるというのです。本物ならば、その本物の父母を通して生まれた本物の息子ならば、行ったり来たりすることはできないはずなのに、行ったり来たりする立場にいるというのです。父母も行ったり来たりし、自分も行ったり来たりしているので、「絶対」という言葉を立てることができない自分自身であることを自覚しなければなりません。

「父母」という言葉は何かというと、父がいて、母がいて、彼らが愛というものを中心として因縁をもち、関係を結んで父子関係となり、夫婦関係となり、息子、娘を生むことができる父子関係をもったものだというのです。その父母自体が不完全な立場にいれば、その不完全な父母が、愛を中心としてその生命の実体が一つになって残した血統は、行ったり来たりして絶対的なものではないというのです。ですから、このようにしてつくられた家庭も、国も、このような父子関係をつくったすべての歴史も、神様が喜ぶことはできず、そこに真を立てることはできないという結論が出てくるのです。それゆえに、二組の父母を立てておいて、初めて善なるものと悪なるものを分けることができるのです。

それで統一教会は、神様を見ることもできず、真の父母様の内容もよく知ることができませんが、「真の父母」という言葉を掲げてきたのであり、「偽りの父母」という言葉も解明するのです。それが、こちらを見てもあちらを見ても、過去のすべての歴史時代に行っても、神様の創造理想世界に行っても、未来に行っても、どこに行っても間違いのない内容だというときには、それを中心として、一度さっと整理してみれば、唯一の神様だというのです。この神様の属性は、絶対、唯一、不変、永遠なので、その愛と生命と血統も、そうだと考えるのです。

神様に連結されたその二つの性禀《せいひん》が一つになって愛の関係を結び、父母となって血統を残すのですが、それも絶対、唯一、不変の血統なので、その血統を受け継いで正しい立場で相続すれば、その息子、娘も絶対、唯一、不変なのです。父母も絶対的であり、子女も絶対的であり、夫婦も絶対的であり、その家庭も絶対的であり、その血統を通じた氏族も絶対的であり、唯一的であり、永遠的であり、不変的なのです。氏族だけではなく、国もそうであり、世界もそうであり、天宙もそうだというとき、そのような国になり、そのような世界になったその世界を、いわゆる地上・天上天国というのです。

それでは、皆さんの心と体が闘いますか、闘いませんか。その闘いは、誰が始めたのですか。皆さん自身が始めたのですか、皆さんの父母が始めたのですか。それが生じるようになったすべての根源を探ってみれば、私たちの第一の先祖である人類始祖から始まったという論理を否定することはできません。それでは、人類始祖ならば、神様と直接の関係をもっていたはずですが、神様のもとにいる息子、娘がどうして堕落したのかというのです。どうしてそのようになったのでしょうか。それが謎《なぞ》です。未知の事実です。

それは、人間では知ることができません。謎です。それを知ることができる方は誰ですか。アダムとエバが知らなかったので、知ることができる方がいるとすれば神様しかいないのです。神様が最も好まない夫婦となり、夫となって愛し合い、男性と女性の生命を通して、神様が最も好まない血統を残したことは間違いないというのです。その事故がどこで起きたのかというと、神様とアダムとエバの関係が乱れたので、そこから事故が起きたという論理は、絶対的であり、唯一的であり、永遠、不変だということです。

しかし、その事故がどのような事故なのか、ということを今まで知りませんでした。神様だけが知っています。その事故は、アダムとエバ自身が動機となったのではなく、サタンが動機となって起こったとすれば、サタンと神様以外には知らないのです。

それでは、これを解決するためには、神様を捕まえて説得し、責任を追及しなければならず、サタンの責任を追及して、神様のみ旨の前にサタンとは何かということも究明して、「神様と一つになることができない存在ではないか」、このようなことを明らかにしなければ、この問題は解決されません。

そのような問題を解決した起源から、「子女の日」、「父母の日」、「神様の日」が再び必要になるのであって、それを解決できず、根源を明らかにしなければ、いくら「子女の日」といったとしても、神様と私たち人類始祖の根本は解決できないというのです。また、神様を中心として関係を結ぶことができる家庭や夫婦の関係においても、その本然の絶対、唯一、不変な家庭の起源を探し出すことはできない、という論理が成立するのです。

それでは、人類始祖の失敗とは何ですか。最近であれば、人はお金が一番良いというのですが、お金で闘って失敗したのですか。そうだとすれば、問題にもなりません。お金というものは、私たちの人生や生活において付帯条件であって、絶対的条件ではありません。私たち人間の属性は神様と同じなのですが、人格神の標準は絶対、唯一、不変であり、神様の性稟《せいひん》がそうなので、お金は私たちにとって絶対的なものではありません。お金がなくても生きていけるのです。そうではないですか。

それから知識です。知識がなくても生きていけます。昔のアダムとエバの時に博士がいましたか。何の博士ですか。小学校に行きましたか。幼稚園にも行かなかったというのです。それでも生きていけるようになっています。

それから何ですか。政治です。力です。神様に力がなくて堕落させたのですか。人間も、力がなくて堕落したのではありません。力があったにもかかわらず、自分自体の位置と自己の責任を知らなかったので堕落したのです。ですから、第一の問題は何ですか。お金と知識と権力が問題ではなく、責任というものが問題になるのです。それで、統一教会では、「責任分担」という言葉がここから出てくるのです。

ですから、真《まこと》の父母がどこにいなければならなかったのですか。絶対、唯一、不変、永遠の父母がどこから生まれなければならないのですか。神様と同じ位置から始まっていなければなりませんでした。そうでなければ、それ以下の心と体が闘う世界において成し遂げられたものは、絶対、唯一、不変、永遠ではあり得ないというのです。

それゆえに、今日の私たちが自分自身を解決するためには、根本に入っていって神様をはっきりと知らなければなりません。神様の創造理想は、何によって始まったのでしょうか。神様が創造するときのその根源とは何でしょうか。その根源は簡単です。神様の二性性相です。二性性相の完成です。

神様のみ旨の完成とは何かというと、二性性相の完成なのです。二性性相の完成とは何でしょうか。四位基台の完成です。四位基台の完成とは何かというと、アダム家庭において三代を中心として三対象目的を成し、四代まで連結させる家庭にならなければならないということです。

神様は、人格神であり人格者である人間の父なので、神様も父母が必要であり、夫婦が必要であり、子女も必要であり、家庭も必要だというのです。人格神です。そのような立場で堕落したという事実は、神様との関係を結ぶことができるものは一つもないということです。息子の位置でも関係を結ぶことができず、娘の位置でも関係を結ぶことができず、神様の前で約婚もすることができず、神様の前で結婚式もすることができず、神様の前で息子、娘を生むこともできなかったのです。堕落したのちに間違った先祖として始まったので、この間違った先祖の血統的因縁を受け継いで今日の六十数億の人類になったのです。ですから、これは神様と関係がありません。それで、私たちの体の中には、その時から二人の主人が存在するようになったというのです。

この二人の主人が途中で生じたのであれば、その前の時代はすべて天の国に行っているはずですが、根本から存在するので天の国は空いているのです。このような結論が出てきます。

では、「子女の日」ならば、子女として何をするのですか。なぜ神様も子女が必要なのですか。息子、娘で何をするのですか。神様の愛を完成し、神様の家庭を築くのです。そのことを知らなければなりません。神様の愛を完成させて神様の家庭が出発するのです。

また、家庭で何をするのですか。家庭で何をするというのですか。アダム一人を造ればよいではないですか。女性は何ですか。男性一人で愛が成り立ちますか。女性一人で愛が成り立ちますか。いくら絶対的な神様でも、神様お独りでは愛を成すことはできません。愛を成すためには、相対理想が必要だというのです。神様の中にいくら愛があり、生命があり、血統があり、良心があるとしても、その神様の前に相対が現れなければ、すべての愛はそのまま一代で終わるのです。何のことか分かりますか。

ここに男性と女性がいますが、女性が一人でいくら「愛、愛」と言っても、それを得ることはできません。女性にも生命があるでしょう？　愛があるでしょう？　生命がありますか。ありますか、ありませんか。血統がありますか。女性には、愛もあり生命もあるでしょう？　血筋はどうですか。血筋がありますか、ありませんか。それもあり、良心はどうですか。良心もあります。

だとすれば、女性一人でもよいはずですが、愛は独りで成すことはできないので、女性ばかりがいくら数千万人いたとしても、一人の男性がいないというときには、女性が愛の主人になれる道は永遠にありません。これを知らなければなりません。女性らしく主人にしてくれるのは男性であり、いいだこのように醜い格好の人でも、あちこちが病気でも、男性の生殖器一つさえあれば、息子、娘を生めるというのです。

なぜ笑うのですか。男性にどれほど価値があるかということです。女性が千万人いたとしても、足らない男性でも、間抜けな男性でも、病人の中のあらゆる病人の王であっても、それ一つが健康であれば、数千万人の女性に赤ん坊の種を与えてあげることができ、そのようにすれば、そこから愛が生じるというのです。いくら女性がいても、独りでは愛を見いだすことはできません。ですから、女性の器官は男性とは違うでしょう？　男性を受け入れるようになっていますか、つばを吐くようになっていますか。どうですか。受け入れるようになっているのです。

ですから、いくら女性が美人でも、美人一人では千年、万年たっても不幸せにしかなれません。女性を愛の主人にしてくれるのは、父母でもなく兄弟でもありません。唯一、夫しかいないという事実です。今日、このことを知らずに暮らしています。

先生もそうではないですか。真《まこと》の母を捜し出すために生涯苦労したでしょう？　私は、苦労しなくてもすべて知っているというのです。誰が合うのか、口もうまく、すべての世事をはっきりと知り、自分が苦労しない人だということをはっきりと知りながら、なぜ苦労してその道を訪ねていかなければならないのかというのです。

真の父母と偽りの父母

人は、二種類しかいません。心に従っていく人と、体に従っていく人の二種類の人がいます。心的な人は神様であり、体的な人はサタンだということを知ったので、体的世界が否定したとしても、否定する世界をけ飛ばして否定してしまい、孤独に、孤独に、真の女性を再創造するために苦労したというのです。アダムがエバを主管することができずに主管性転倒したので、これを再びすべて育てていかなければなりません。

そのようにして育てて父母になるので、真の心と体が一つになり、み旨を中心として神様を愛する心が、体が心を愛するその愛に負けてはいけません。同じでなければなりません。心は男性を代表し、体は女性を代表しているので、男性と女性が完全に一つになる所に神様をお迎えすることができるのと同じように、私の心と体が絶対的で唯一、不変、永遠で完全な統一的基盤となれば、神様の息子的愛の主人にしてあげるというのです。何のことか分かりますか。

男性的性相的愛の主人になることができなかったものが、神様の息子として完成してその相対となり、神様が愛を感じることができ、神様が喜ぶことができ、「お前は私の息子だ」と言うことができる立場に立てたとすれば、その息子が神様の前に愛を受けることができる直系の子女になるのです。それは、愛が連結され、生命が連結され、血筋が連結された「私の息子だ」ということです。分かりますか。娘も同じです。

創造される前の神様の性相と形状が完全に一つになっていたのと同じように、心と体が完全に一つにならなければなりません。アダムの心が愛するものと、エバの心が愛するものが同じでなければならず、またそのエバの心とエバの体が一致したところに神様をお迎えし、その娘がアダムと心も体も完全に一つになり、それがアダム的プラス的性相とエバのマイナス的形状が、ぴたっと同じでなければなりませんか。何にならなければなりませんか。二つにならなければなりませんか、一つにならなければなりませんか。絶対に一つにならなければなりません。絶対的に一つにならなければ、心と体に闘争の概念が生じるというのです。

エデンの園で堕落することによって、アダムの心と体も二つになり、エバの心と体も二つになりました。その愛も、矛盾する愛です。天使長と愛し合い、アダムと愛し合ったので、二つに分かれた愛をもって身もだえするエバを中心として血統が受け継がれたので、子孫がその先祖に似て生まれるというのです。それゆえに、恐怖の心と否定的な環境を迎えるようになったので、真《まこと》の夫を否定し、夫の近くに行こうとすればするほど、良心の呵責《かしゃく》を受けるのです。体を中心として生きようとすれば、心が泣くというのです。呵責を受けて悲しみが生じます。このように故障するという事故が、一代の先祖から、女性から始まって男性まで、そして、天使世界まですべて連結して恐怖の世界が始まり、結果として否定の世界、嘆息と悲しみの世界が現れたのです。そして、今まで革命することができずに継続してきたのが血筋です。

偽りの愛から偽りの生命、偽りの血筋を受け継いできた歴史的な実体となったので、不可避的に「アダムとエバの堕落した結実である」と言わざるを得ないのです。アダムとエバが闘ったその姿そのものになり、神様を否定する立場と悪を好む立場になったので、終末になれば体が願う世界一辺倒になるということを、私たちは推理的に結論を下すことができるのです。

今日、この地上に生きている人たちは、良心を否定するでしょう？　体が願うとおりにしているのです。体は何かというと、「私が一番優秀だ」と言うのです。父母もなく、神様もなく、夫も女性もなく、すべて否定するのです。ですから、個人主義王国時代が来たので、その立場は、天の国を失ってしまい、神様を失ってしまい、自分の先祖を失ってしまい、自分の国を失ってしまい、家庭においては、祖父母を否定し、父母を否定し、自分たち夫婦も否定し、息子、娘も否定するのです。神様も完全に否定し、天の側から見るときに、神様御自身がすべてを否定されるという終末現象が起きているのが、現在、私たちが暮らしている世の中だったというのです。

希望というものは一点一画もありません。息子も、娘も、夫も、父母の前に希望がありません。自分自身が嘆いて彷徨《ほうこう》し、解決策がないので薬を飲んで自殺してしまうという、そのような自らを滅ぼす罠《わな》に陥らざるを得ないこの終末時代において、その嘆息圏をどのようにして脱出し、解放の世界に向かうのかという宿題が残っているのです。

そのような宿題を解き得るものが何かというと、父母なのですが、その父母には、二つの父母があるということを知らなければなりません。堕落した父母が偽りの父母であり、心と体が一体となった男性と女性が真の父母になるのですが、これが四人の人と同じです。それが神様の絶対、唯一、不変、永遠の愛を中心として、私も絶対的となり、あなたも絶対的であり、男性も絶対的であり、女性も絶対的であり、息子も絶対的であり、娘も絶対的であり、夫婦も絶対的なのです。そのような位置を失ってしまいました。それを再び取り戻して、初めてその位置に戻っていくことができるので、それを成就するために、神様が救援摂理や再創造の役事をしてこられたのです。そして今、その位置に再び戻ってそれを清算しなければならない時代が来たというのです。

今は、自分を中心として望みや希望をもつことができない世の中です。今まで、アメリカの国民は、「アメリカ国民だ」と言って誇っていましたが、完全にひっくり返ってしまいました。「先進国」という言葉を言うなというのです。どれが本物なのか分かりません。下が上なのか、上なのか下なのか分からないというのです。

それでは、「悪善」と言いますか、「善悪」と言いますか。「善悪」です。「地天」と言いますか、「天地」と言いますか。「父母」と言いますか、「母父」と言いますか。「女子」と言いますか、「子女」と言いますか。逆さまになっています。逆さまになっているものは何かというと、「上下」というときには父母を表し、「左右」は夫婦を表すのですが、「左右」が逆さまになっているのです。「右左」になっていないというのです。そのことを知らなければなりません。

なぜですか。良心は直告（注・ありのままに告げること）するようになっています。終末になれば、必ず良心が自分に宣言するようになっています。良心が「それは間違っている」、「それは正しい」と言わなければなりません。すべて直告するのです。

ですから、私たちが真《まこと》と偽りを分別するとき、私の心と体の中には、真と偽りが定着しているというのです。何が定着しているのですか。真の父母と偽りの父母です。このようになるのです。真の父母と偽りの父母が定着していて、真の夫と真の妻が逆さまになっています。偽りの父母です。真の息子、娘とは反対の悪の息子、娘、悪の夫婦、悪の父母、悪の愛と一つになっている世の中だということを知るようになるとき、ここで真の愛を探し出すためには、根源からすべて否定しなければならないというのです。

祝福家庭と子女の立場

宗教を信じれば、出家を命令します。「家と国を捨てて乞食《こじき》の立場になり、地獄の底に降りていきなさい！」。否定しなさいというのです。そして、「独身生活をしなさい」と言います。最も憎むべきことは何かというと、神様の前で偽りの愛を始めたということです。これで世界を蹂躙《じゅうりん》し、神様を蹂躙したので、千年、万年たってもこれを見るのは嫌なのです。ですから、否定しなければならないというのです。

それゆえに、子女から父母を取り戻し、「父母の日」、「子女の日」を中心として、実体から形状実体、心情世界まで完全に否定して、新しい本然の世界に帰らなければならないというのです。アダムとエバは、神様を中心として三代をもつことができませんでした。ですから、三代を成し遂げなければなりません。

それでは、祝福とは何ですか。神様が第一創造主であり、アダムとエバは何ですか。第二創造主ですが、第一創造主である神様はアダムとエバを生んでおきましたが、第二創造主であるアダムとエバは、第三創造主を生んでおくことができませんでした。それは何かというと、神様が三代の孫をもつことができなかったということです。孫です！　分かりますか。なぜ孫をもつことができなかったのかというと、アダムとエバが神様と同じように息子、娘を生んで第二創造主として完成することができなかったからです。

それでは、第三創造主になろうとすれば、おじいさんの愛と父母の愛、二つの愛を受けなければなりません。おじいさんの愛は霊的世界を代表し、父母の愛はこの現実世界の愛です。天上世界と現実のサタン世界を代表する二つの愛が、アダムとエバを中心とした息子の受けなければならない愛です。心的世界完全相続、体的世界完全相続、父子関係の二代の因縁をすべて相続したので、天上世界と地上世界、二つの世界を受け継ぐことができるのです。それは何かというと、第三創造主となるアダムとエバの息子も、息子、娘を生んで初めてそこから種ができ、アダムとエバを中心としたものよりも広がっていくということです。

神様がいくら偉大だとしても、創造は、アダムとエバしか造ることができませんでした。分かりますか。アダムとエバは結婚してどうですか。何双くらい生むと思いますか。先生でも十三人の息子、娘を生んだのです。アダムとエバが百歳以上、何百歳まで生きたなら、息子、娘がどれほどたくさんいるでしょうか。三十六双は問題ないというのです。ですから、アダムとエバの息子や孫は、神様よりも立派であり、アダムよりも立派だというのです。

それゆえに、神様も自分が愛する相対は、自分よりも立派であることを願い、アダムも愛する相対が立派であることを願うのです。神様の愛の相対は、アダムとエバです。アダムとエバが自分よりも立派であることを願い、アダムとエバも自分たちの息子が自分よりも立派であることを願うのです。同じように、やはりアダムも、自分の相対がエバなのですが、自分よりも立派であることを願い、アダムとエバの二人が生んだ息子が自分たちよりも立派であることを願うのです。同じことです。

ですから、神様も願わざるを得なかったことは何かというと、アダムとエバの創造が目的なのではなく、第三代となるアダムとエバの息子・娘、孫が理想の創造目的だったのです。アーメン！このようにならなければなりません。そこで完成するのです。そこで初めて、種が種として完全になるのです。そうではないですか。霊的父母、肉的父母、縦横の父母がいて、肉的な夫婦が未来においての霊的な夫婦となり、肉的な新郎新婦、肉的な約婚時代、肉的な息子時代、肉的な子女時代、肉的な赤ん坊時代、すべて連結されるのです。

そして、八大心情圏の主人になることができませんでしたが、神様は、そのようにして本然の血統的関係が完成されるはずだったのです。神様が喜びながらエバのおなかに耳を当てて、腹中にいる息子、娘が動き回る音を聞こうとするのです。皆さんの夫がそのようにするでしょう？　最初の子供を宿した時はそうです。

神様は、エバの腹中に宿った赤ん坊を、皆さんが祝福を受けて宿した赤ん坊を夫が愛する以上にしてみたでしょうか、してみることができなかったでしょうか。してみましたか、してみることができませんでしたか。してみることができなかったのですから、幸福でしょうか、不幸でしょうか。不幸なのです。すべて失ってしまいました。神様は、腹中の神様の愛の主人を失ってしまい、赤ん坊を生むとき、エバに陣痛が起きた時にも、その主人であるべき人が主人ではありませんでした。他の主人がすべてもっていきました。生んで育てるときにも、エバが生んだ赤ん坊を膝《ひざ》の上に載せて、三年なら三年、言葉を話す時まで、その時も、愛してみることができなかったのです。なぜですか。血筋が違います。怨讐《おんしゅう》になっているのです。

あす、あさってには結婚するはずなのに、怨讐がその妻を奪っていって赤ん坊を宿したとすれば、その新郎は、その赤ん坊に関心がいき、その妻をほっておくでしょうか。ほっておかないというのです。ですから、神様にとって、堕落した人間世界にはエバが一人もいません。アダムもいないのです。失ってしまったのです。どうするのですか。再創造しようとすれば、どのようにするのですか。再創造して、堕落していなかった時以上に愛するということは、神様には死ぬよりも嫌なことです。死ぬよりも嫌なことだというのです。

それでは、どのようにすればこれを救援することができるのかというのです。自分がしたいとおりにすれば、人類の種がなくなるのです。この地上では人間が永遠に主人です。ですから、そのようにすれば創造世界の主人が生まれる道がなくなるのです。ですから、神様が責任をもたれ、悲しい峠を越えるとしても、主人の位置を再びつくってこれを立てようというのです。

ポプラや他の木が野生のオリーブの木になることは、野生のオリーブの木が真《まこと》のオリーブの木になることよりも、もっと大変なことです。そのような苦労をして野生のオリーブの木まで造ってあげ、世界的な歴史において、宗教を通じて野生のオリーブの木の畑を、天の側の野生のオリーブの木の畑に変化させてきたのです。それが人類の半分以上になれば、そこに主人として一つの真のオリーブの木が来るのです。しかし、神様の所有権だからといって、思いどおりにサタン世界を打って奪ってくることはできません。ですから、それは、自然屈服させて天の側の野生のオリーブの木となったものを切ってしまい、一つの真のオリーブの木に接ぎ木して、すべて真のオリーブの木の畑にしなければなりません。

唖然《あぜん》とするというのです。真のオリーブの木を願われる神様が、そのようにする道しかなく、接ぎ木するしかなかったという事実です。実体を愛することができませんでした。ですから、仕方なく真のオリーブの木を造り、「私に似なさい、似なさい」と言われながら、過程において失ってしまったアダムとエバを創造理想として見つめ、その二つの心を一つにするのです。

そのようにして、絶対愛を中心として、「父母の中の父母であり、王の中の王であり、新郎の中の新郎であり、息子・娘の中の息子・娘になろう」と言える家庭をつくる基盤がこの地上に現れて、初めて神様が臨在され、本然の愛を中心として主が来られ、真の父母が来られるのです。アダムとエバの家庭、一家庭だけではありません。

皆さん、第四次アダム圏祝福中心家庭！　それが簡単な言葉ですか。どれほど大変なことか分かりません。アダム家庭一つではないのです。全世界の峠を越え、数千万、数億の家庭を身代わりした勝利の覇権を中心として、皆さんがすべて平等な価値を備えて、祝福中心家庭になったのです。

それは、アダムが堕落せずに完成して祝福を受けたものであり、それを中心として何千万年空いていた天の国の倉庫を満たすのです。地上に真の父母が来られて、すべて蕩減《とうげん》復帰し、これを接ぎ木して野生のオリーブの木の畑を真のオリーブの木の家庭につくりかえ、それを一度に合わせるのです。ですから、神様御自身もそうであり、そのために神様よりもどれほど途方もない十字架を一人で背負ってきたのかを、皆さんは知らなければならないというのです。それが祝福中心家庭です。分かりますか。

今、祝福中心家庭は、一つですか、数億ですか。数億ですが、すべて価値は平等だというのです。そこで、一等、二等、三等、四等、これから先祖が決定していくのです。アダムとエバの息子、娘も、今までの千代、万代の息子、娘も、その価値はイコールです。同じ価値をもっているのですが、先祖的系列がすべて異なるというのです。国家的系列や民族的系列がそれに従って決定し、先進国家、中進国家、後進国家の形態が展開していくのです。このような一代圏内の祝福中心家庭の中で、それが生じるのです。

ここで、霊界に楽園がありますが、楽園に地獄が生じます。神様の国を中心として違反したすべての人たち、法を守らない人たちは、永遠の地獄としてなくなることもあり得る世界です。その地獄に入っていくとしても、その刑をすべて蕩減《とうげん》し、服役を終えれば、すべて帰ってくることができますが、それと同じです。それを自分の一族が協助し、自分の先祖も、国まで協助して、解放的後援をすることによって、永遠に地獄には行かないというのです。千万の苦労をして、克服して越えていかなければならないということです。

ですから、本然の世界に入っていくことがどれほど大変でしょうか。あなた方一代で統一教会を二十年信じたということは問題にならないというのです。それでは、神様が探し求められるものは何かというと、第三代まで堕落せずに神様から祝福を受けることによって神様の家庭が定着することであり、そのためには、神様の国の王である神様の愛をたっぷりと受けることができる、そのような家庭にならなければなりません。それが家庭においては、おじいさんが過去の霊界を代表し、父母は現在を代表し、息子・娘は未来を代表するのです。これが三つです。

そして、家庭を中心として見れば、おじいさんは霊界を代表し、父母はこの時代を代表し、息子・娘は未来を代表するのですが、この息子・娘は孫なので、おじいさんの愛と父母の愛を受けなければなりません。私もじっと考えてみると、自分の息子、娘が生まれて育てるときには、あたふたとよく分からなかったのですが、孫が息子、娘よりももっとかわいいのです。なぜそうなのかというと、神様の霊はおじいさんです。おじいさんの神様です。神様の立場を代表して霊界から派遣された全権大使と同じだというのです。私たちの家に来て、神様の代身者として伝統を正すのです。「堕落してはいけない」と言うのです。そのような天の国の全権大使です。天の国の実体の王として来ているのがおじいさんだというのです。分かりますか。

父母とは何ですか。この時代の王です。この時代です。現世において、父母は誰かというと王です。現世でです。私たちの家には、二つの世界の王がいらっしゃるのです。祖父母、それから自分の父母、それから自分は三代ですが、三代は、おじいさんから愛を受ければ天の国を相続され、父母からも相続されるのです。それが何かというと、霊界と肉界の愛の中心代表者の結実がアダムとエバの息子、娘の立場だったというのです。

これを失ってしまったので、天の国はぽかんとすっかり空いてしまい、地上もすべて失ってしまったのです。これを再び埋め合わせていくためのものが祝福家庭であり、子女の立場だということを知らなければなりません。

天宙平和統一国は平和への道

先生は、このすべての世界、サタン世界において蕩滅し、すべてのサタンを整理しておきました。個人時代も、家庭時代も、氏族時代も迫害はありません。先生は、迫害を受けながらそれをすべて整理したので、皆さんは、今から国家を中心としてイエス様が失敗したこと、アダムが失敗したことを整理しなければなりません。そのためのものがイスラエル選民圏だったのですが、彼らは国を失ってしまいました。あなた方も国を取り戻すことができませんでした。

先生は、霊肉を中心としたこの先進国家基準において、迫害をすべて除去し、サタンまで屈服させ、神様との一体圏家庭的基盤を定着させたので、堕落後のイスラエル民族を身代わりして蕩滅《とうげん》したイエス時代の国家基準を中心として、そのまま世界に当てはめていけば、すべて終わるのです。ですから、今から皆さんにとって重要なことは、神様の前に三代の祝福を受けた家庭が神様の子女の立場であり、その三代の祝福を受けた家庭自体が第三創造主の責任を果たさなければならないということです。

第一創造は、家庭完成、氏族、民族、国家の完成を願ったのですが、その国家完成ができなかったのです。再臨時代の蕩滅は、霊界のサタン世界、霊界の地獄まで追放して、すべて追い出しました。地上に再臨することができるようにしておいたので、今からは、皆さんを後援してあげることができるイスラエル圏世界化時代が来たということです。イスラエル民族がローマを屈服させる時代に超えていくのではなく、世界万民がすべて祝福を受けることができる選民圏に入ってきたので、イスラエル圏世界化時代に入ってきたというのです。

そのように、霊肉の世界を中心として、完全に峠を越えたので、その絶対父母に従って絶対信仰、絶対愛、絶対服従の心情、その一つの心さえもてば、すべてのことを越えるのです。

ですから、「私は誰か」というとき、本然の神様の愛を中心として、本然の神様の性相的人格である男性格と形状的女性格が父母の血肉を受け継いで一つになり、そのアダムとエバを創造された血筋を受け継いだ実体である、ということを考えなければならないのです。

　私は、アダムとエバの代身存在だということです。私には、神様の愛があり、神様の生命と神様の血筋が直系的に連結され、今成し遂げることができなかった三代を備えて、そこから三代の四位基台を中心として、三代圏完成を成すことによって神様をお迎えするのです。

「愛を中心として、歴史的な二人の闘いを、体との闘いを否定して本然の基準に立ち、神様が求めていらっしゃる心と体が一つになった血族の私であり、息子、娘であることに間違いない」、このようにならなければなりません。そのような立場で、歴史始まって以来、どのような民主世界にも、共産世界にも、サタン世界にもいなかった孝子になる、忠臣になる、世界のためには聖人、聖子《せいし》になる！　そのような心をもたなければなりません。「孝子というものは私から、忠臣は私から、聖人は私から、聖子は私から、それ以外にはいない」と言い得る資格をもたなければなりません。

　そして、過去の歴史時代において、サタン世界の極悪な法によって善を侵犯するためにあらゆることをした、そのような極悪な歴史をもった国があれば、その国に行って何倍もの困難があるとしても、「私は、勝利することができる息子、娘だ！」と思わなければならないというのです。そうであってこそ、エデンで失ってしまった本然の心情の前で傷を受けた神様の心を、慰労して解放することができるのです。そうでなければ、解放されないということを知らなければなりません。

　それでは、そのように比較するとき、今まで皆さんは自分勝手に生きてきたのです。適当にやって天国に行くのですか。天法はそうではありません。息子、娘が大学の入試時期になって試験を受けるときに、いくら息子を愛しているからといって、いくら娘を愛しているからといって、百点を取って合格させるために、父母が試験場に入っていって代わりに試験を受けることができますか。できません。千年、万年たっても、それは子女の責任です。それと同じことです。

アダムとエバが孝子になることができず、忠臣になることができず、聖人、聖子《せいし》になることができずに恨《ハン》の歴史を残したのですが、これを完全に解消、清算して越えることができなければなりません。神様の心の中で、「息子」といえば誰ですか。「私です」。「娘」といえば誰ですか。「私です」。「二人しかいない」と言うのです。そのように言うことができる家庭にならなければなりません。そして、「私だけでなく、生んでみると双子であり、そのように生んで、世界の各国に必要な種をすべて用意した」ということです。それが祝福家庭です。

今から国さえあれば、その種をどこで刈り入れるのかというと、それぞれ自分の国に植えるのではありません。入籍しなければなりません。イエス様が生まれる時にも、ヘロデ王が公文を出して分封された領主たちが全員故郷に入籍したように、故郷を離れて入籍するのです。故郷を失ってしまった民族が再び故郷を訪ねてきて、新たに国を編成するための入籍時代があるのと同じです。アメリカの地が問題ではありません。今から、アメリカの都市で暮らすことが難しくなる時が来るかもしれません。早く終えなければならないのです。早く終えようとすれば、文《ムン》総裁のあとに従っていかなければなりません。文総裁の教え以外には、平和に向かっていける道はないというのです。ですから、天宙平和統一国以外には平和に向かう道はないということです。

そのようにするためには、皆さんの三代が、三代創造主の権限の位置に突入しなければなりません。突入です。何千年目に突入して、神様の孫と孫娘、四代のひ孫まで立てることができるその場から、天下の新しい家庭編成を中心として氏族、民族、世界化時代に越えていって天宙平和統一国が生まれる時が来たのです。迫害はありません。

第三創造主は歴史の結実

今まで韓国の八代政権が、文総裁を追い出すためにあらゆることをして反対してきましたが、今では、何を言っても反対する者は誰もいません。反対すれば、立たせて激しく攻撃しようと思っているのです。私は、大韓民国の大統領でも誰でも、すべて知っています。はっきりと知っているのです。三言尋ねる前に、答えることもできずに恥ずかしくて座り込むようになっています。そのような度胸をもって、占領してしまおうと思っているのです。

そして、「イエス様も私が結婚させてあげた」と言ったとき、キリスト教がどれほど驚いたでしょうか。キリスト教だけでなく、仏教の釈迦《しゃか》も私の手中で結婚させ、孔子も結婚させ、ムハンマド（＝マホメット）も結婚させ、キリスト教で有名なアウグスティヌスも結婚させ、使徒パウロ、すべて……。今から十二弟子も、根本的に全員解放してあげなければなりません。誰がそれを信じますか。信じるのは、この人たちしかいません。この人たちは、人間ですか、霊ですか。人間よりも優秀で、霊よりも優秀だということです。霊も知りませんでした。使徒パウロもイエス様も、神様が本当の私の父であり、血肉を分けた骨の中の骨、肉の中の肉だということを知らなかったのです。

神様は私の父だというのです。父というものは宿命的です。父をお金で取り替えることができますか。取り替えることができるのですか。兄弟を取り替えることができますか。夫婦を取り替えることができますか。この西洋の男性と女性たち。初愛が貴いのです。天地を与えても取り替えることはできません。結婚とは何かというと、世界の男性と女性の代表者です。神様を証人として立てて主人とし、億千万世の聖人烈士たちをすべて証人として立てて、間違いなく天道に合う夫婦になると誓約するのが夫婦なのです。それをはっきりと知らなければなりません。

それゆえに、既に祝福を受けた人は、第三創造主にならなければなりません。第一創造主の神様がいなくても、第二創造主のアダムとエバがいなくても、第三創造主は、歴史の結実となることができるのと同じです。その結実は、千代たってもイコーリゼイション（同等化）です。そのようにすることができる家庭にならなければなりません。ですから、血筋と愛と生命が行き違いになってはいけません。神様の愛から父母の愛が同化され、血筋は垂直です。中心は一つです。理想的中心、愛の主人の血統が二つになることができますか。

ですから、皆さんの個人的心と体が一つになって神様を愛すれば、それが神様の娘として生まれ、息子として生まれて愛したのならば、その愛は本物です。今まで、心と体が一つになった息子、娘が結婚した家庭がなかったのです。それを真《まこと》の父母が身代わりして成したがゆえに、真の父母の教えを受けて相続して、初めてその立場に行けるのです。ですから、絶対信仰、絶対愛、絶対服従です。

それゆえに、「子女の日」を迎えて記憶すべきこととは何かというと、第三創造主は、神様の代身として一族、一国、一世界を成すにおいて、神様がいなくても、真の父母がいなくても、自分の家庭をもって成すことができるのです！　ですから、真の父母を訪ねてくるなというのです。

今はもう、霊界の調整をしなければならない時が来ました。地上はすべて皆さんに任せるのです。私が霊界まですべて道を築いておいたのです。霊界もすべて祝福してあげたでしょう？　地上に再臨することができるようにしました。ですから、長子権復帰をして、次子が長子になってひっくり返ることによって、本然の世界に真の愛の対象圏を成し、私たちの家庭において、神様の愛した家庭を身代わりすることができる息子と息子の嫁を完成するのです。そのようにして、夫婦完成とともに家庭完成し、それを神様にお捧げしなければなりません。自分のものではありません。捧げなければなりません。

そのようにしようとすれば、今までサタン世界によって汚されたすべての所有権、日本の国や日本の土地や日本のすべての人、アメリカならアメリカ全体を一度にすべて奉献し、真の父母、天地父母が全権時代においてサタンまで一つにして、神様の勝利と栄光を称賛するのです。「万世の王の中の王になり、私たちはその王に侍る王家の立場で、孝子、忠臣、聖人、聖子《せいし》になります」と言って解放的万歳をしてこそ、天下に地上・天上天国が君臨完成するのです。

祝福家庭というものは、神様の孫となる第三次創造主の責任を果たし、第一創造主の代身となって第二創造主の理想を実現し、大きな天宙を管理することができる時代になっているので、神様が愛するにふさわしく、アダムとエバが私たちを尊敬するにふさわしい二つの世界の王子にならなければなりません。二つの世界の王となり、王子となり、勝利の覇権をもって天の前にお返しすることによって、アダムとエバもその世界の主人になることができ、神様もその世界の主人となり、全体が一つの場で一つの父母のように侍ることができる場が、地上・天上王国なのです。

主権は一つです。霊界に行けば、夫婦が一人になり、息子まで一人になるといっていたではないですか。三人が一つになるのと同じだというのです。アダム、それからイエス様、再臨時代の自分、四次アダム、四人が一つになった実体圏を中心として、一人のように表示されなければならないというのです。このようにできる環境的要件と環境の中で、実体の男性と実体の女性世界が超国家的な歴史性を超越した立場に立ち、勝利の覇権を中心として完全に天を解放させ、王権を中心とした勝利の大王として侍り得る家庭が普遍化された統一世界こそ、地上・天上天国だったのです。

そのような息子、娘に間違いなくなろうという人、決心する人は手を挙げてください。今からは、あなた方の妻も自分のものではありません。息子、娘も自分のものではありません。自分の先祖も自分のものではありません。万物も自分のものではありません。天にお返ししなければなりません。

今から二〇一二年までに、このことをどのようにして世界的に完成するのかという、区切られた忙しい計画圏内に入ってきたので、休む間がありません。戦争の中で、これ以上の戦争はありません。ですから、戦場に出て勝利した以上、忠孝の道理、間違いない忠臣と、間違いない聖子《せいし》の道理を完成する、このような天の国の使命を受けた神様の代役者、またアダムとエバが失敗したことを復帰する代役者として、間違いなく勝利の覇権をお返しするための道を行かなければなりません。

私たちの家庭は、第三創造主の責任を完成して、三時代を総合した勝利の覇権者として、天上世界の神様王権樹立と同時に、地上の国の王権樹立を完成しなければならず、天上世界の完成と地上世界の完成を成さなければなりません。

きょう記憶すべきことは、今から天宙平和統一国に入籍できる時代に入ってきたので、そのことです。

神様の創造理想「天一国《てんいちこく》」

今から天宙平和統一国を略すれば、「天」の中には二人です。「天」という字は、二人の人が平行になるのです。平行です。分かりますか。平行です。パラレリズムです。この「平」の中は、十字架です。天と地を完全に連結させるということですが、それはこの二人のことをいうのです。ですから、「天宙」という二人の中には、既に平和の概念が入っているということです。分かりますか。ですから、今後「天宙平和統一国」を何と言うかというと「天一国」と言うのです。そのような意味です。

神様が最も好まれる、一つの国です。「天が願う一つの国」という意味になるのです。それを簡単に言えば「天一国」です。それは、神様が最も好まれる、一つしかない国です。私たちの家族が最も好む、一つしかない国です。私たちの一族が最も好む、一つしかない国です。白人、黒人、黄色人が最も好む、一つしかない国です。そうではないですか。二人が一つになって、初めて天国になるのです。そのような意味があるというのです。

天宙平和統一国です。それが神様の創造理想です。分かりますか。今、どこかに「あなたの国はどこですか」と言えば、それは、アメリカでもなく、日本でもなく、ドイツでもありません。今から見ていなさいというのです。どのようになるでしょうか。すべて平準化されるのです。天がすべて成すのです。

そして、皆さんが今後知らなければならないことは、今からこのみ言《ことば》を中心として天の国の法ができるのです。法がどこにあるのかというと、今まで五十年間先生が語り、教会に指示したすべての内容が国の憲法になるのです。そのような時が来るというのです。

皆さん、「統一教会の教会員たちは、息子、娘を絶対に外部の大学に送らずに、鮮文《ソンムン》大学やブリッジポート大学に送りなさい」と言ったのですが、そのように命令されたにもかかわらず、その命令が下された日からそれをしなかった人は、問題になるのです。分かりますか。それが問題にならないというときには、今まで先生のしてきたことが、すべて実効がないということになるのです。先生がしてきたことを否定するということなのです。先生がしてきたことは、世の中を救うことが目的です。

考えてみてください。六〇年度から、今まで二十年間してきたことを見てみれば、すべて計画したとおりであり、大ざっぱな計算ではありません。統計による秩序整然とした原理原則に従って解放させてきたのです。それは、国の完成のために指示してきたものなので、国を完成することができる法です。部署が二十あろうと三十あろうと、憲法を中心として部署の法ができ、会社の法ができるのです。法は守らなければなりません。

今までの絶対信仰の時代ではありません。絶対実践です。ヘブル人への手紙第十一章を見れば、「信仰とは、望んでいる事がらを確信し、まだ見ていない事実を確認することである」となっています。それは抽象的です。形態がありません。しかし、これは実体的です。観念ではありません。実際時代に入っていくというのです。

ですから、アダムとエバは堕落するなというのは、神様の言葉だけではありません。実際に堕落することによって、がちゃっと引っ掛かって地獄の真ん中に落ちたのであり、アダムとエバの一度の愛の過ちが天の恨みとなり、地の恨みとなったのであり、数多くの宗教が血を流したのです。その血の祭壇を連結させ、統一教会がそれを解怨《かいおん》成就することができるのですが、皆さんが生きた祭物にならなければなりません。裂く祭物ではありません。生きた祭物としてそっくりそのまま捧げて、自分の一族と一家全体を捧げなければ、天国を迎えられる国民になることはできないというのです。アメリカでも、どの国でも同じです。大きな国であるほど問題です。大きな国であるほど災いだというのです。小さなものは簡単です。

ですから、今後、先生のみ言が憲法になるのです。それは、先生のみ言ではありません。先生が自分勝手に話したでしょうか。天の指示に従ったのです。私一人でつくったものは一つもありません。神様は、先生に対して無慈悲な方です。天法を永遠の法として立てるためには、霊界にいる法に従っていった人たちが注目する中で、先生が代表的な道を行くにおいて、一点一画でも許すことができない過程を通過しなければ、支持されないというのです。十回実践したとしても、百回試験するのです。そのようにして、この道を来たという事実を知らなければなりません。

ですから、神様が最も愛するものも最も恨む立場に、サタン以上に恨む立場にまで追い込むのです。アダムは、サタンに引っ張られていったのではないですか。サタン以上の立場で冷遇され、そのようにしながら道を見いだしてきたという事実を知らなければなりません。

ですから、私が神様から訓練されたのと同じように、皆さんも先生から訓練されなければなりません。家庭がどのくらい本物かというのです。家庭破綻《はたん》は問題が大きいのです。再祝福はあり得ません。今からは、夢にも思うなというのです。

これからは、皆さんの家庭が祝福してあげるようになっています。どれほど大変でしょうか。ですから、良い家庭を訪ね回っていけば、すべて引っ掛かってしまいます。神様が先生を祝福してくださって、「あなたはこのようになる」と言われながら、反対に地獄にほうり込まれたのです。それはどういうことかというと、怨讐《おんしゅう》を愛しなさいということです。怨讐を愛するとは何ですか。言葉ではありません。怨讐の息子、娘を婿や嫁にして相続させることができるようにしなさいということです。交叉《こうさ》結婚です。何のことか分かりますか。

先生は、性格がせっかちですか、気が短い人ですか、気の長い人ですか。どれほど気が短いですか。神様の性格よりも気が短い人です。また、神様の性格よりも我慢強い人です。それは、どれほど耐え難い道ですか。普通の人は、逃げていくというのです。しかし、霊界を知っているのです。分かりますか。天の国の構造をあまりにもよく知っているので、死んでも、それを避けていくことはできません。その道を行かなければならないので、その法に合わせていかなければならないのです。

天宙・天地真の父母様平和統一祝福家庭王即位式の祝祷

二〇〇三年二月六日
天宙清平修錬苑

開始の祈祷

お父様、天宙・天地真の父母様平和統一祝福家庭王即位式を奉献いたしますので、天上の天一国《てんいちこく》の民と地上の天一国の民が一心、一体、一念となることによって、相対的世界の統一の家庭を根源とした全体祝福の恩賜の式典として受け入れてくださり、天宙解放圏の勝利の覇権をもって、堕落のない本然のアダム家庭完成のみ旨を成せずに堕落した以降のサタンの愛と生命と血統による数千億の人々が、すべて同じ位置で、解放の同等な祝福の恩賜によってあなたの懐に抱かれる祝福中心王即位式を挙行いたしますので、一体理想として愛の主権王となり全体を統治できる日として受け入れてくださることを願いながら、真《まこと》の父母様の名によって御報告いたします。アーメン。アーメン。アーメン。

祝祷

愛するお父様。きょうは天一国三年二月六日であり、この日は、真の父母様の八十三回と六十回を迎える聖誕の日であると同時に、天宙・天地真《まこと》の父母様平和統一祝福家庭王即位式を挙行する歴史的な転換の日でもございます。

「天一国《てんいちこく》」という名は、神様が堕落していない本然の創造理想を中心として完成したアダムとエバを中心として祝福することによって、霊的父母と実体父母が一体となり、新しい真の愛を中心として真の生命と真の血統を連結させ、家庭定着を願った希望の一日がありました。

人類始祖が実体圏を中心として、アダムは男性的代表格、エバは女性的代表格として、無形の神様の位置である高い上弦に代わる相対の位置として低い下弦の子女の立場に立ち、東西南北に広がっていくことができる四方を備え、男性と女性が東側と西側から中央に来て無形の天地父母様と一つになり、完成基準となって子女時代を成熟させ、その次には、約婚時代と結婚時代を備えることによって、地上の一つの下弦的完成基準と上弦的完成基準が、東と西、男性と女性の完成基準が合徳できる中心位置において祝福結婚し、無形の天地父母と有形の天地父母が愛の理想を中心として、創造理想の最高の頂上の位置で合徳することにより、神様的中心の愛を中心として、上弦を中心としてはアダムとエバと神様、下弦を中心としてはアダムとエバと子女、右弦を中心としては神様とアダムと息子、左弦を中心としては神様の女性性相とエバと娘を中心として四位基台を成すのでございます。

その四方、前後、左右、上下が一体理想定着することができる四位基台の中心である神様の真の愛を中心として、上弦、下弦、右弦、左弦、前弦、後弦が一体理想を備え、神様が一代ならばアダムとエバは二代であり、三代となるアダムとエバの息子、娘を中心とした相対的一体理想である四位基台の安着が、祖父、祖母、父、母、夫婦を中心とする六数一体と共に、子女を中心として八数圏を種として結着し、全天地において完成的愛の理想家庭の出発を成そうとしたすべてのことが、堕落によって成されたものとなってしまいました。

そのようにして、上弦、下弦、右弦、左弦、前弦、後弦が一体的理想を成すことができず、父子である神様と子女が、男性と女性が、兄と弟が、闘う怨讐《おんしゅう》関係の立場となり、神様を頂点として真の愛で連結した真の生命と真の血統を中心として、安着の家庭理想を願われたのが神様の希望でしたが、神様が臨在なさることができる中間の位置に、逆に天使長が入り込んできてアダムとエバと一体になることによって、天地父母の位置を悪なる父母が占領するようになり、その結果、心と体が怨讐となり、男性と女性が怨讐となり、天とこの地が怨讐となり、兄と弟が怨讐となり、その闘争の結果、神様は、孤独な立場、囹圄《れいご》に閉じ込められた立場となり、サタン全権時代になるという悲しく恨めしい歴史が展開したという事実を、統一教会の教会員はみな知っております。

お父様。

その怨恨《えんこん》に捕らわれた天の父母、理想的位置で一心一体合徳し、勝利の覇権的家庭の出発を成し、万世に愛を中心として、太平聖代圏に、たった一つの国とたった一つの血族とたった一つの民族とたった一つの文化世界を永遠に創建するということが、すべての面で反対となる闘争の歴史によって、この地、今日の人間の歴史、先祖たちの歴史が血に染まってきたという憤懣《ふんまん》やるかたない事実を、統一教会の教会員たちはよく知っております。

そのような環境を見つめながら耐えてこられた天の父母の前に、過った罪状を悔い改めることができない子女の立場を、神様が哀れみで包まれ、赦《ゆる》され、代わりに蕩減《とうげん》してくださることによって、天が先に個人的な蕩減の峠を越えることにも苦労され、家庭的峠、氏族的峠、民族的峠、国家的峠、世界的峠、天宙的峠を越えるにおいて、この地上の人間たちが無知であるがゆえに行く所が分からないので、代わりに犠牲となりながらこれを開拓するための代表的な機関として宗教を立てられました。

その宗教の中に選民イスラエルを立て、ユダヤ教とイスラエルの国を中心として、内的外的、カイン・アベルを基準とする統一圏を中心として、その上に来られるメシヤを中心とした父母の位置を策定し、家庭的勝利の覇権の上に勝利的基盤を築き、国家的勝利の覇権を願い、国家的勝利の覇権の上に勝利的基盤を築き、それによって世界と天宙史的な勝利圏を願った希望の一念を、すべて失ってしまわれたという天の悲痛な事実を知っております。

私たち不忠で不孝な子女の罪によって、そのような立場に天宙父母を立たせるようにしてしまい、宗教を中心として超宗教、超政治、超国家、超NGO、超世界、一つの国を成し遂げようとされたみ旨と、メシヤを送るとイスラエル民族に約束され、そのメシヤが男性完成者として来て、失ってしまったエバを取り戻すために、国家的基準においてアダム家庭が失敗して失ってしまったエバの基準を立てることによって家庭基盤を築き、その上に民族を越え、国家的基盤の上に勝利の覇権を立て、エデンで理想としていた神様の愛の主権を復帰しようとされたすべてのみ旨が、このように悲しみに包まれて暗闇《くらやみ》の世界に転がり落ちてしまいました。

それを暗中模索しながら、真っ暗闇の中でお一人、僕《しもべ》の僕《しもべ》の立場から僕《しもべ》の立場、養子、庶子の立場、そのようにして直系の子女まで、そして、母を捜し立てて父母の立場にまで立ち、カイン・アベルの共産圏と民主世界を収拾し、これを抱いて本然の父である真《まこと》の父母に奉献してさしあげなければならないという地上の母、エバの使命を中心として、すべての民主世界、自由の環境を破綻《はたん》させるサタン圏の主権と闘いながら、個人克服、家庭、氏族、民族、国家、世界、今日の国と世界の限界線を越えて克服できることによって、お母様が再び出産の苦労をされ、真の父母のあとに続いて従うことによって、初めてこの天地間に、勝利した母として霊肉完成した実体をもつようになりました。

今から天の国の王権を受け継ぐことのできる「天一国《てんいちこく》」を開門することによって、地上世界の天国の基盤と天上世界の天国を準備し、一心一体一念が動ずる愛の理想的、真の愛と真の生命、真の血統、真の家庭定着という解放された名を取り戻して復帰することによって、怨恨《えんこん》の多かった惰性の世界を除去してしまい、希望に満ちた未来の勝利的愛の主権を再び建国し、天の前に奉献することができるこの式典をもつようになったことを感謝、感謝、感謝申し上げます。

天にいるすべての霊人たち、祝福を受けた長子圏、天使長圏の祝福家庭たち、そして地上のアベル圏、堕落していない本然の家庭のアダム的アベルの立場で祝福を受けた兄弟たち、天上世界にいる兄たちが地上に来て、アベル的弟の立場を兄として侍ることができ、一体となることによって、天上地上一体圏の上に縦横に天地父母をお迎えし、地上における個人時代祝福、氏族、民族、国家、世界、天宙の祝福の平面途上における解放的基準、立体途上の個人祝福、氏族、民族、国家、天宙的祝福家庭が縦的な位置におりますが、この兄と弟の祝福の位置が調和して交わることによって、天上にいる兄の祝福家庭が地上に来て、そして、弟の立場にいるすべての祝福家庭を縦的な位置に代置することによって、天地開闢《かいびゃく》的大転換、反対復帰転換することができる時代を迎えたのでございます。

そのようになることによって、天宙父母と天地父母の真《まこと》の愛を中心とする平和統一家庭王即位式を拡大した平面的世界水準と縦的な世界水準が、本来のアダム家庭において一体となって一つのところから出発することができなかったことを、もとがえして成し遂げ、地上・天上天国、天一国理想圏の出発を成すことができるように宣布し、祝福の王即位式をもつようにしてくださったことを感謝申し上げます。

天宙父母、天地父母が真の愛を中心として一心一体一念となり、真の愛を中心とする真の父母から真の子女への真の血統を中心として、アダムとエバが堕落することによって失敗した真の家庭の完成定着を成し、偽りの父母が汚した血筋をすべて征服してきれいに復帰された立場において、一つのアダム家庭を解放させた祝福の位置を、天地父母を通して取り戻し、汚れたサタンの血筋を清める時まで、真の父母が数千億の霊界と地上の人たちを、一心一体一念で祝福することによって、天宙父母と天地父母の腹中に一つになって宿った息子、娘の姿となり、出発的基準において、天上、天の国を中心として地獄と楽園を解放し、三六〇度、どの方向にも天のみ座に向かって直行できる自由解放圏をもつようにしてくださった天宙・天地真の父母様平和統一祝福家庭王即位式をもつことによって、本然の形態の姿勢を整えた場において、新たに神様と真の父母が一心同体となり、全体、全般、全権、全能の行事を万宇宙に出発することができ、家庭的天国理想世界に出発することができることを宣言、命令するようになったことを感謝申し上げます。

きょうを期して、悪の権勢は後ろに退かなければならず、善の権勢は、前に立って全体を指揮、指導し、新しい天国文化世界の創建に向かって前進し、天の国の栄華と栄光を全天宙に充満させ、万世の祝福された家庭が相続し、天上・地上解放の主権的愛の主権を受け継いで相続するにおいて、天上世界と地上世界の前に不足のない天国に入籍した祝福家庭の国となるように許諾してくださることを、懇切にお願い申し上げます。

この日の天宙父母と天地父母が一心一体となった場において、天国開放を中心とする天一国《てんいちこく》統一の世界に、一体理想の主権の世界に前進することを真の父母の名によって命令、宣布しながら懇切にお願い申し上げますので、願うとおりに成就されるようにしてください。真の父母様のみ名によって報告いたします。アーメン。アーメン。アーメン。

国境線撤廃と世界平和

超宗教超国家平和協議会（ＩＩＰＣ）創設大会
二〇〇三年十月三日
アメリカ、ニューヨーク

尊敬する内外貴賓の皆様。

去る五十有余年、人類は、大小様々な試練と戦争を経ながら、それでも、汎《はん》世界的な次元において、このような諸般の問題を解決してくれる唯一の機構として、国連を頼ってきました。しかし、今日私たちが身を置いている世界は、現存の国連の力ではどうすることもできない限界に到達したのです。そうかといって、世界最強国を誇るアメリカの力でもどうすることもできないことを、私たちは、あまりにもよく知っています。政治力、経済力、軍事力ではなすすべがないという結論が既に出ています。

きょう私は、この場を借りて「国境線撤廃と世界平和」という題目で、天がこの時代に、私たちに下さったみ言《ことば》をお伝えすることによって、天上天下《てんげ》の数千億の人類の前に、実に歴史的で摂理的な大宣言をしようと思います。

皆様、私たちがこの世界にあるすべての国境線を撤廃すれば、平和の世界は自動的に訪れるようになるのです。そこで私たちが記憶しなければならないことは、この世界に現存する国境線の主人が果たして誰なのかということです。神様ではないということは明らかです。国境をつくり始めた張本人は、正にほかでもない悪魔、サタンなのです。したがって、国境線がある所には、必ず悪魔と悪魔の実体が潜んでいるということを知らなければなりません。このような結果は、人間始祖の堕落により、善悪の分岐点となる血統が入れ替わってしまったからです。

東洋と西洋を比較してみても、文明圏を中心として相反する国境線ができていますが、そこには、悪魔が陣を張っているというのです。悪の文化的背景、歴史と伝統的背景、人種差別など、このようなあらゆる種類の落とし穴を掘って国境線をつくった張本人は、神様ではなく、悪魔、サタンだというのです。神様が願われた善の世界は、統一の世界です。すなわち、全人類が一つの大家庭を成して暮らす一つの世界なのです。そのような世界に、どうして国境が存在できるでしょうか。国境がない世界なので、怨讐《おんしゅう》もあり得ません。それは、「怨讐」という言葉の中に国境が内在しているからです。

怨讐を愛して一つになれば、国境が崩れていくのです。それゆえに、神様の戦略戦術は、常に「怨讐を愛しなさい」というものです。「怨讐を愛しなさい」という言《ことば》ほど偉大な戦略はなく、また、これほど偉大な戦術はあり得ません。このような素晴らしい内容を、今日まで人類は、歴史的に知らずに生きてきたのであり、今生きている現代人たちも知らずにいるというのです。

このように歴史も知らず、現世の人類も知らずにいる神様の人類救援のための戦略戦術を、レバレンド・ムーンがきょう、皆さんにはっきりと教えてあげているのです。今まで私に従ってきた統一教会の教会員と皆さんは、今歴史を代表し、現世界を代表して、このようなとてつもない天の秘密を知るようになりました。これを相続し、実践して生きる真《まこと》の人にさえなれば、皆さんは、自動的に平和世界を成し遂げる主人公になるのです。

貴賓の皆様！

国境は、どのような時、どこに生じるのでしょうか。国境というものは、私たちの心が好まないところにも生じ、体が好まないところにも生じ、自分の行動を好まないところにも生じ、自分の言葉を好まないところにも生じるのです。私たちが五官を中心として心と体が一つになることができなければ、各様各色の国境が生じるということです。皆さんも一度考えてみてください。私たちが、大小様々な国境をどれほど多く内に秘めて生きているでしょうか。

「怨讐を退治しなさい」、「国境をつくるのを遮断しなさい」ということを実践しようとすれば、皆さんの目を抜いてしまわなければならない時が生じるかもしれません。「これも良く、あれも良く、何であっても見えるものはすべて良い」と歓迎するようならば、その目には巨大な国境が既にあるのです。目にも、二種類の目があり得るのです。聞くことも同様です。善なる良いみ言や真理のみ言を聞くことを好むかと思えば、世の中の邪悪な言葉を聞いてそこに同調し、耳に国境をつくることもあるのです。

私は、早くから統一教会を出発させ、教会員たちが流行歌を歌うことを禁じていません。一般のキリスト教では、それも禁止事項になっているでしょう。しかし、問題は、流行歌を歌おうと名曲を歌おうと、その歌の内容を消化できるのかできないのかにかかっているのであって、歌の種類で善悪が分かれるのではありません。すなわち、歌を歌って新たに国境をもう一つつくるのか、そうでなければ国境を撤廃するのかということが問題だという意味です。したがって、どのような歌を歌おうと、神様がお喜びになる真の愛の橋を架けることができる人は、流行歌を歌おうと、珍しい歌を歌おうと、何も問題にならないというのです。

このような観点から見るとき、私たちの五官を通して感じる感覚や、歴史的伝統のはしごを通して伝えられてきたものによって、今皆さんが生きている環境圏に国境があるとすれば、皆さんは、選択の余地なくサタンの身内に属するようになるのです。反面、私たちの生活の中に何の国境もなければ、神側に立つこともできるのです。サタンは、何が何でも皆さんの生活の中に国境をたくさんつくろうとする大王であり、神様は、国境を最も嫌う大王であられることを肝に銘じてくださるようお願いします。

皆さんも知っているように、レバレンド・ムーンが生まれた韓半島には、今も南と北を分ける三十八度線があります。この三十八度線を好む者はサタンの側であり、これを撤廃させることに命を捧げて闘う人は、神様が最も好まれるチャンピオンになるのです。韓国の七千万人全員が、「私は死んでも三十八度線を残しては死なない」という覚悟で生きれば、韓国の統一は自動的に成就するのです。しかし、それは、決して易しいことではありません。三十八度線を好む人は、悪魔の側、サタン側だということを知らなければなりません。三十八度線がある所ではサタンが主人となっており、三十八度線をなくす所では神様が主人となるので、今まで私に従ってきた統一教会の教会員たちは、人類のすべての三十八度線を消化してなくしてしまい、国境線を撤廃させる改革運動を展開してきたのです。

すべての人たちが、「怨讐《おんしゅう》の国民同士での交叉《こうさ》結婚を通して婿や嫁を迎えることができなければ生きていけない」という人にさえなれば、統一天下は自動的に訪れてくるようになるのです。

皆様、この天のメッセージが、正にきょうレバレンド・ムーンが皆さんに差し上げる贈り物です。もう一度想起させてさしあげます。国境がある所には、必ず悪魔の一族が暮らしているのであり、三十八度線がなくお互いに真《まこと》の愛で和睦《わぼく》する所は、間違いなく神様の一族、すなわち神様の血統を相続した真なる善の人々が暮らす所です。

皆様、レバレンド・ムーンは、趣味産業に大きな興味をもってそれを推進しています。誰もが行って暮らしたいと思う所、すべての人に趣味の希望峰となるそのような所があれば、そこがたとえ国境地帯であろうと砂漠であろうと、今後新しい国連を中心として、超国家超宗教次元において、全人類の平和の共同所有地にならなければなりません。このような汎《はん》世界的なことのために、レバレンド・ムーンは、私に従うすべての人たちに総生畜献納金を集めようと言いました。そして、全体を新しく創設される国連格である超宗教超国家平和議会に属させようというのです。

聖書を見れば、旧約時代には、人間の代わりに万物を象徴する動物を裂いて血を流すことによって、左側をサタン側、右側を神側に分けておき、所有権の争奪戦を繰り広げてきたのです。その結果、神様のひとり子であり長子であるイエス様がこの地に来て血を流され、結局、イエス様の肉身はサタンが取り、心は霊界の神様に帰るようになったのです。すなわち、人間の不信によって、イエス様も十字架の上で霊と肉に分けられてしまったのです。

しかし、霊界に行かれたイエス様は、その実体を再び取り戻さなければならないので、再び来るとおっしゃったのです。神様のひとり子であるイエス様の心と体が分けられることによって、霊界と肉界が分けられるという大変な事件が起きたのです。男性と女性が分かれ、心と体が分かれたので、これをすべて統一させるために、霊界の所有権を取り戻されたイエス様は、地上の所有権も取り戻して一つにするために、地上に再び降臨しなければならないというのです。再びやって来て何をしようというのですか。真《まこと》なる血統を受け継ぐ結婚をして家族を築こうというのです。

神様の長子として来られたイエス様の肉身を奪ったサタンは、地上世界を占領するようになり、天上世界は神様が占領するようになったのです。イエス様は、霊界に行かれて二千年間道を築きながら、天上世界ですべての心の世界の方向を一つにする一方で、地上でもキリスト教を立てて役事してきました。しかし、キリスト教は、カインとアベルの形態と同じカトリックとプロテスタントに分かれて今まで闘ってきたのです。お互いに怨讐《おんしゅう》となってしまいました。カイン格である長子はサタン側となり、アベル格である次子は天の側になったのですが、その裏では、必ず国境的な内容、すなわち闘争的な概念を抱いて闘い、そのようにして歴史が発展してきたのです。これを解放してあげなければなりません。

それで、再び来られる主は、天の国を統一し、地上のユダヤ教の選民圏と同じ統一圏を探し立て、数千年間分かれて闘ってきた天と地、男性と女性をついに一つにする新しい結婚式をするようになるのですが、これが正にキリスト教で言う「小羊の婚宴」なのです。

歴史的に、天の国と地上のキリスト教を中心とする地上世界が統一される絶好の機会に出会った時が、正に第二次大戦直後でした。この時は、キリスト教文化圏が全世界を統一したような立場でした。霊界の統一的主導権をもった勝利的覇権者となられたイエス様が、地上の統一されたキリスト教文化圏を中心として、聖霊と共に実体で再臨されて新郎新婦となり、新しい結婚式をすることによって、心と体が分かれて闘い、男性と女性が分かれて闘っていた人類の諸般の問題を解決し、天下を平和の天国にすることのできる絶好の機会を第二次大戦直後に迎えたのです。漠然とした話ではありません。

皆様、神様の創造理想をおいて見るとき、先に誰から結婚式をしてあげるようになっていますか。アダムとエバです。ところが、不幸にも、人類を数千、数万の国境線の奴隷にしてしまったエバの堕落がありました。エバから始まったこの壁を崩して平地をつくり、堕落前のアダムとエバの立場を復帰して新たに結婚させてあげれば、私たちの先祖はもちろんのこと、神様までも歓迎され、喜んで踊りを踊られるのです。このような世界が成し遂げられれば、それが正に地上天国になるのです。

しかし、人間の歴史には、そのような日がありませんでした。人類は、今まで無数の境界線の奴隷となり、それに絡まって苦しみ、呻吟《しんぎん》し、苦痛を受けながら生きてきたのです。したがって、国境線打破をどのようにするのかということに対する解答さえ探し出せば、それが正に人類平和のための源泉的解答にもなるのです。人類は、今までこれを知らずに生きてきました。歴史上初めてレバレンド・ムーンが真《まこと》の父母の資格をもってこの地に顕現し、その解答を教えてあげ、満天下の善男善女を神様の前で新しく祝福結婚させてきたのです。国境線が百万個あったとしても、レバレンド・ムーンには問題になりません。簡単に撤廃することができます。どのようにしてですか。真の愛があるので可能なのです。神様を一〇〇パーセント知り、神様と同じ立場に立たなければ、そのようなことを解決することはできません。

皆様、霊界には地獄と天国があります。天国が昼ならば、地獄は夜のような所です。昼と夜が分からない人が、どうして天国と地獄の境界線を主管することができるでしょうか。とんでもないことです。内容を知っている人だけが自動的に主管することができるのです。地獄の内容まではっきりと知っている立場であってこそ、暗闇《くらやみ》を撤廃することができるのです。

神様は、全知全能でいらっしゃる方なので、暗闇を撤廃することができるのです。したがって、問題は、私たちが神様を知らなければならないということです。皆さんは、神様をどのくらい知っていますか。お金を好まれる神様ですか。権力を好まれる神様ですか。そうでなければ、知識しか知らない神様ですか。そのような神様では、人類の解放を約束することはできません。

私たちが神様を完全に知ってこそ、サタンを完全に追放することができ、国境線の問題も完全に解消することができるのです。神様が何をもって数千年間放置されていた国境問題を解決なさることができるのか、私たちは、それを知らなければなりません。それが重要なのです。神様がこの宇宙の主人でいらっしゃるならば、その主人が暮らす町があり、国がなければならないのではないですか。神様を知ろうとすれば、神様の相対圏の立場に立ち、皇族となることができるその国を取り戻さなければなりません。

しかし、すべての環境が様々な国境でふさがれているので、この国境を撤廃することにより、神様が喜ばれる世界をつくるのです。そのようになれば、すべての被造万物が神様に主管されたいと思うのです。無数の国境線の下で呻吟《しんぎん》し、苦痛を受けて迫害された悪魔の支配下から解放されたいと思うのです。

尊敬する指導者の皆様！

私たちは、何よりも神様をはっきりと知り、天の国、すなわち霊界をはっきりと知らなければなりません。そのようにさえなれば、いつ、どこで、どのような状況になったとしても、その国の伝統と文化を中心として、どのように適応し、対処して生きていくべきなのかということに対する答えが、自然と出てくるのです。

天の国には、明らかに神様がいらっしゃいます。しかし、今日私たちが暮らしている世界は、数千、数万の国境によってふさがっているのですが、どうしてこのようになっているのですか。神様を正しく知り、天の国を知る人がいないだけでなく、天の国の伝統的内容を知る人がいないので、このようなでたらめな世の中になったのです。その内容さえはっきりと知れば、霊界にも地上界にも解放圏が生じるのです。

真《まこと》の愛の人にさえなれば、神様と天法に一体となれる文化と伝統をもって暮らす方法を知るようになるのです。天の国のすべての秘密を知り、サタンが身動きもできないようにし得る利己的な愛を求める人ではなく、相対を真の愛の主人にしてあげる真なる人です。このように相対のためにすべてのものを犠牲にし、相対が真の愛の中で踊りを踊って暮らせるようにしてあげる真の人は、天の国までも保護してくれ、愛する天の国の後継者となるので、そのような天の後継者にサタンは、手を出すことができないのです。そのような人が正に、「ために生きる」愛を所有した真の人です。自分のために生き

死ぬことを見て憤りを感じる以上の位置を越えて、真の愛で怨讐《おんしゅう》のために生きるようになれば、怨讐の世界を支配できるようになり、サタンが自動的に退くことによって、その怨讐の世界がかえ

って皆さんを尊敬し、侍るようになるのです。皆さんの子女や父母よりも、周辺のすべての人のために生き、これ以上ない真《まこと》の愛を施せば、サタンは自動的に逃げていくようになり、代わりに神様がその場に訪ねてこられて、千倍、万倍に返してくださるのです。

皆様、サタンが逃亡していかざるを得なくさせる秘法とは何だと言いましたか。真の愛でために生き、ために死に、ために愛そうとする真の人の前では、いくら悪辣《あくらつ》なサタンでも、国境線を放棄して逃げていかざるを得なくなるのです。逃亡するとしても、国境線を崩してから行くようになっているのであって、そのまま行くことはできません。そのようになれば、どのようなことが起きるでしょうか。悪魔、サタンが離れていくことによって、地獄の死亡圏に直行していた無数の生命が、一八〇度旋回して天の国に上昇できる、という永生の道理が広がるのです。このように永生の祝福が下されるのです。神様をはっきりと知り、霊界に対してははっきりと知り、天の国の伝統的思想である「ために生きる」真の愛を、千年、万年実践する真の人になることによって、皆さんは、初めて神様をお父様と呼ぶことができるようになるのです。その場においてこそ、父子間の血統が連結され、この天の血統を通してこそ、永生の論理と伝統が皆さんと不可分の関係として決着するのです。

永生は、真の愛の本質的な属性です。神様も宇宙を創造されるとき、自ら絶対信仰、絶対愛、絶対服従の基準を立ててなされたのです。世の中は変わり、また過ぎていったとしても、神様は、永遠無窮に真の愛を投入される方なので、神様の主管を受けない存在や、神様を絶対、唯一、不変、永遠の主人として侍らない存在はあり得ない、ということを皆さんは知らなければなりません。したがって、永生不滅の位置で創造された人間も、神様の息子、娘となり、そのような神様と一体となった位置に立つようになれば、神様の国が私の国になり、神様がすなわち私の神様になるのです。天の国の伝統的主人である神様と生活の中で一体を成し、間違いなく神様の息子、娘になれば、私たちも永生不滅を享受できるということは、至極当然の結論なのです。ですから、「天のために死のうとする者は生き、自分のために生きようとする者は死ぬ」という逆説は真理だというのです。

国境撤廃にも、国連の国境撤廃、宗教の国境撤廃、民族の国境撤廃、地獄と天国の国境撤廃を完結しなければなりません。しかし、本来国境は偽りの父母がつくったので、真の父母でなければ国境を撤廃できる人はいないのです。神様御自身もなさることができず、サタンは絶対にしないというのです。このようなサタンと神様の歴史的な闘争を誰が止められるのですか。偽りの父母が最初から引き起こしたことなので、唯一、人類の真の父母として来られた方だけがこれを立て直すことができるのです。

世界を憂慮し、人類平和を願ってこられた貴賓の皆様！

人類歴史上、最後の結実期であるこの時を迎えて、天はレバレンド・ムーンに人類の救世主、メシヤ、再臨主、真の父母の資格を賦与され、この地に送られました。いち早く、弱冠十六歳（数え年）という年齢で天命を受け、それに従ってきた私の八十年の生涯は、ただ一つの道であり、神様が数千、数万年願ってこられた地上・天上天国を完成しようとするものでした。六十数億の人類全体が心を合わせても耐えることができない、想像を絶する様々な迫害と試練の中でも、私は、神様に対する絶対信仰、絶対愛、絶対服従の基準の上に立ち、最後まで人類のためにすべての蕩減《とうげん》復帰を実体で完結したのです。サタンの勢力をこの地上から完全に根絶させたのです。

今、人類に新しい世界が開かれています。レバレンド・ムーンは、既に霊界と地上界において、「島嶼《とうしょ》連合」と「半島連合」、そして「大陸連合」まで創設しただけでなく、皆さんも知らない間に、既に人類は、天一国《てんいちこく》三年を迎えています。失ってしまった第一イスラエル圏を復帰することはもちろん、第四次イスラエル圏の出発までも、直接私が神様と天宙の前に宣布し終えました。霊界の五大聖人たちをはじめとする千二百億双の新しい祝福家庭たちも、私と絶対的基準で一つとなり、平和世界創建のために先頭で走っています。

今から皆さんの使命は、私がきょう宣布した「国境線撤廃と世界平和」の意味を胸深く刻みつけ、戻られたら皆さん自身から始めて、皆さんの家庭、社会、国家、世界で地上天国、天上天国創建の目標をおいて、「ために生きる」真《まこと》の愛を実践するのです。新しい希望とともに、きょう私たちが志を一つにして創設したこの新しい国連格である「超宗教超国家平和協議会」のために、最善を尽くしてくださることを私は信じております。

皆様全員が解放的真の愛の決意をして、神様の祝福と共にお帰りになることを願います。

ありがとうございました。

平和王国時代宣布

二〇〇四年三月二十三日
アメリカ、連邦議会上院ビル

尊敬する上下両院の議員、世界各地から来られた宗教指導者、そして内外の貴賓の皆様！

公私共に御多忙の中、きょうこのように満場の盛況を呈してくださったことに対して、深く感謝いたします。

皆様、今日、人類が直面しているすべての問題は、万有の父でいらっしゃる神様をはっきりと知り、私たちの家庭において、その神様に侍って暮らす真《まこと》の家庭を成すところから解決していくことができるのです。観念的な次元の神様ではなく、実体の父母でいらっしゃる神様を私たちの家庭にお迎えしなければならないというのです。そのために私たちは、まず神様と人間の関係を定立しなければなりません。神様は、真の愛、真の生命、そして真の血統の本体でいらっしゃり、すべての人間の真の父母でいらっしゃるのです。

本来、人間の堕落がなければ、人間は、神様の真の愛の中で完成し、神様を父母として侍る真の子女になっていたのです。完成した人間は、神様の愛の中で真なる夫婦の因縁を結び、真の子女を産んで養育し、共に天国を成して暮らしたのちに、家族全員が自動的に天上の天国に入っていって暮らすようになっていたのです。

考えてみてください。もし皆さんの家族の中で、父親は地獄に行って母親だけが天国に行くとすれば、それがどうして天国でしょうか。父母は地獄に行って子女たちだけが天国に入っていくとすれば、それをどうして天国と呼ぶことができるでしょうか。天国は、すべての家族が一緒に入っていき、永遠の平和王国を成して暮らす所なのです。したがって、地上においても、家庭天国を成して暮らす所に神様が臨在されるのであり、神様が理想とされた創造理想の世界、すなわち地上天国が定着するようになるのです。

だとすれば、地上における家庭天国はどのようにして成すのでしょうか。

第一に、家庭を形成するすべての要員は、個性完成を成さなければなりません。堕落によって選択の余地もなく相続するようになった堕落性を脱ぎ、自らの人格を完成しなければなりません。すなわち、心と体の間の葛藤《かっとう》と闘争を完全に克服して勝利し、一心、一体、一念の境地となり、その人格完成によって完全一和の世界が実を結ばなければならないのです。このような境地に到達した人には、ねたみ、嫉妬《しっと》、欲心、憎悪など、すべての悪の要因となる堕落性が二度と根を下ろすことができません。

しかし、このような堕落性を脱いでしまうことは、決して簡単なことではありません。長ければ何年、あるいは何十年間染みついた習慣である酒やたばこを断つことにさえも、挫折《ざせつ》を繰り返すのが堕落人間の自画像です。数千、数万年間しつこく血統に根ざしてきた堕落性を脱ぎ捨てるということが、どうして簡単なことでしょうか。

人間の努力だけでは、絶対に不可能なことです。神様を絶対信仰の基準で縦的な軸として立てて侍り、生涯身もだえしても難しい闘いです。自分の父母や子女以上に絶対的に愛する境地で、神様を真《まこと》の父母として侍っていかなければ、考えることもできないことです。神様の前に命までも差し出して従うという絶対服従の基準に立たなければ、絶対に勝つことができない闘いなのです。歴史的に主要な宗教の教えの中には、断食、禁欲、犠牲、そして苦行を修道の基本としている理由が、正にここにあるのです。

天が共にあり、霊界が協助できる換骨奪胎した新しい人の姿に再び生まれなければなりません。山川草木の前に裸で立っても、一点の恥ずかしさもなく、サタンの前に立てば、サタンがかえって逃亡せざるを得ない正午定着的人格を備えた、すなわち永遠に一点の影もない真の愛の人格を備えた人にならなければなりません。

第二に、このような人格完成を達成した個々人が集まって真の家庭を成し、その家庭の中で家族全員が共に四大心情圏を完成しなければなりません。そのような家庭は、心と体が完全一体を成した一人の姿と同じです。「天国は、家庭単位で入っていくものだ」と言いました。しかし、家庭といっても、すべての家庭が自動的に天国入城の資格を得るのではありません。真の家庭の基台がなければ、四大心情圏を完成できる足場がなく、また四大心情圏を完成した真の人たちが、神様を中心として父子の血統をなす家庭であってこそ、天国に入っていくことができる真の家庭になるのです。

それでは、四大心情圏とは何を意味するのでしょうか。本来、神様の本然的真の愛、真の生命、そして真の血統によって連結された真の家庭の中で、祖父母、父母、孫と孫娘を中心として、三代の純潔な血統を立て、父母の心情、夫婦の心情、子女の心情、兄弟姉妹の心情を完成するとき、これを総称して「四大心情圏の完成」と言うのです。

ここで、父子の愛は上下の関係を立てる縦的関係であり、夫婦の愛は左右が一つになって決定される横的関係であり、兄弟間で授受する愛は前後の関係を代表するのです。このように、観念的で望みだけが残る夢のようなものではなく、真《まこと》の血統を中心として、四大心情圏の完成と共に、神様の創造理想が家庭単位で実体的に完成するようになるのです。

父母の心情圏とは、父母が子女を生み、真の愛で育て教育する過程において、自然に得られる心情、すなわち父母として、子女に対する真の愛の主人となることができる心情を意味するのです。子女がいなければ、誰も父母として愛の主人の位置に立つことはできません。

次に、夫婦の心情圏とは、夫婦が生活を通してお互いを愛の主人の位置に立ててくれたことを感謝しながら、真の愛を授受する中で体恤《たいじゅつ》する真の血統的心情関係を意味します。夫は、自分の命を犠牲にしても妻のために生き、妻は、夫に対して神様に侍る心情で侍って暮らすときに、夫婦が共に得るのが真の愛の体恤です。この真の愛の体恤の上で、初めて夫婦の完成も可能になるのです。

神様の祝福を受けて結ばれた夫婦が、初夜に愛を分かち合うその瞬間は、神様から真の愛の王宮、真の生命の王宮、そして真の血統の王宮を相続する場です。妻は、夫を通して理想的神様の息子を迎える位置であり、天の兄を迎える位置であり、天の夫を迎える位置であり、天の父母を迎える位置に立つようになるのです。

夫も、妻を通して同じ位置に立つようになります。神様の主要な属性は、絶対、唯一、不変、永遠です。したがって、夫婦の心情圏を完成すれば、夫婦の関係も絶対、唯一、不変、永遠的関係となるので、そこには「離婚」という単語が存在できなくなるのであり、相互間の尊敬と愛だけが花咲く幸福な生活が約束されるのです。

次に、子女の心情圏はどのようなものであり、またどのようにして得るのでしょうか。家庭では父母が中心となります。父母の位置は、家庭では神様の位置です。父母なくして生まれた子女というのはあり得ません。したがって、父と子女の関係は、人間の意志で規定される人倫の次元を超えて、天倫が結んでくれる関係だといわざるを得ません。ゆえに父子の関係は、横的関係ではなく縦的関係なのです。人間の努力で変えることもできる運命的関係ではなく、絶対的で永遠の宿命的関係なのです。子女は、父母を縦的な神様の位置に迎えて暮らしながら、真の愛の心情を学んで体恤するようになります。

父母から相続された愛と生命と血統が、神様が根源となっていることを自然と学んで身につけるのです。このように父母の生き様を見て学んだ子女たちは、成長して堕落性とは無関係な真の夫婦となり、そののちには、彼らも真の父母の位置を獲得するようになるのです。このように、真の愛圏の心情を三代圏を中心として反復する家庭単位の球形運動が、正に天国建設の基本モデルになるのです。

最後に、兄弟姉妹の心情圏は、真の父母をお迎えして一つの家庭を成して暮らす兄弟と姉妹たちが、真の愛を根本として神様と同じ心情圏を成すことを意味します。

「兄弟姉妹の関係は、前後の関係を代表する」と言いました。家庭において、真の愛を中心として真の夫婦となり、真の生を生きていく真の父母に侍って暮らす子女たちは、兄弟姉妹間においても、自動的に天倫の秩序を守って生きる道理を悟るようになります。それは、弟は兄に父親のように侍り、兄は弟を愛の心情で世話してあげるようになる美しい姿です。兄が前を代表すれば、弟は後ろを代表するのです。兄が父親を代表するとすれば、弟は母親を代表するのです。このような、兄弟姉妹の心情圏の完成は、彼らが社会生活をする中においても、愛と奉仕で「ために生きる生活」を実践躬行《きゅうこう》する根幹になるのです。

尊敬する貴賓の皆様。

このように、四大心情圏の完成を成した真《まこと》の平和家庭王国の数が増えて真の平和氏族王国となり、真の平和民族王国、真の平和国家王国、さらには、真の平和世界王国を完成するようになるとき、その世界が正に神様が理想とされた創造本然の世界であり、地上天国であり、きょうこの場でレバレンド・ムーンが宣布する永遠の地上平和王国になるのです。真の家庭を立てるということが、このように深刻で重要な天命だという事実を、今まで人類ははっきりと知らずに生きてきたのです。

しかし、今は時が変わりました。世界の至る所で、レバレンド・ムーンの教えを受け、平和王国建設のために奮然として立ち上がる各界各層の指導者の数が、幾何級数的に増えています。たとえ命を失っても、必ず純潔を守って真の家庭を成さなければならないという若い知性人たちの喚声が、天地を揺さぶり動かしています。既に世界的に数億双の祝福家庭が輩出され、倫理と道徳が急速に崩れていく地球星《ほし》の支え木の役割を果たしています。

それだけではありません。霊界では、私たちよりも一歩先に進んで、平和王国時代を力強く開いています。五大聖人をはじめとして千二百億双以上の祝福家庭たちが、昼夜を問わず地上界を協助しながら、近づいてくるその一日のために準備しています。創造原理によれば、地上界で先に神様の理想世界を完成するようになっています。

今日の人類は、堕落の後裔《こうえい》ではありますが、限りない神様の愛と霊界の協助によって、今ではどのような天国が創建されなければならないのかを知るようになりました。したがって、今霊界で成就しているこの奇跡のような出来事をかがみとして、天地開闢《かいびゃく》次元の真の愛の革命を完遂するべき時代圏に入っているという事実を肝に銘じなければなりません。

皆さんも、今からは、心の門をさっと開き、天がこの時代に私を通してくださる天の秘密のみ言《ことば》を受け入れるべき時になりました。この場に立ったレバレンド・ムーンは、皆さんと同じ肉身をもって生きる一人の人間でもありますが、天の摂理から見れば、六十億の全人類を救援し、天の前に原状回復させなければならない天命を受けてこの地上に来た、神様の全権大使だということを知らなければなりません。

霊界の五大聖人たちをはじめとして、大勢の指導者たちはもちろん、地上界であらゆる蛮行と殺傷を行ったマルクスやレーニンのような共産主義者たちの魁首《かいしゅ》や、ヒトラーやスターリンのような独裁者たちまでも、私の教えに恩恵を受けて心を入れ替え、新しい人に生まれ変わりました。

地上であらゆる栄華と富貴を享受していった歴代の帝王と大統領たちはもちろん、世界的な名声を博した言論人たちさえも、この天宙的な真の愛革命の隊列の先鋒《せんぽう》に立ちました。彼らはみな、レバレンド・ムーンの「真の家庭理想」の教えの前に、新しい覚悟を誓う決意文を地上界に送ってきています。レバレンド・ムーンこそ人類の救世主であり、メシヤであり、再臨主であり、真の父母だと天上天下《てんげ》に宣布しました。彼らの決意文は、既に地球星《ぼし》の津々浦々にまで響き渡っています。

尊敬する貴賓の皆様。

今ではもう時間問題です。皆さんの周囲を一度見渡してみてください。前後、左右、どこに未来を約束できる希望を見いだすことができますか。誰彼を問わず、私たちすべての人は、遅かれ早かれ、すべてのものを子孫に譲り渡して離れていかなければならない、限定された生を生きているのではないですか。真《まこと》の家庭理想を皆さん自身の家庭において完成し、子女たちの永遠の平和と幸福を保障してあげることより貴く価値のあることがどこにあるでしょうか。神様が数千年間待ち続けてこられた平和王国をこの地上に建設することに、誰が躊躇《ちゅうちょ》するというのですか。

私は、もう八十五歳の老齢になりました。しかし、この崇高な天命を完遂し、この地球星が神様の真の家庭で満ちあふれるその日まで、中東地域から銃声が消え、平和と歓喜の祝砲が響き渡るその日まで、そして、私の祖国、韓半島から聞こえてくる統一の万歳の声が、太平洋を越えてこのアメリカにまで響き渡るその日まで、レバレンド・ムーンは誰よりも先頭に立って走ることでしょう。

全世界六十億の人類を代表し、きょうこの式典に参席された高名な指導者の皆様も、レバレンド・ムーンと共に手をつなぎ、人類の念願であり、神様の創造理想である平和王国をこの地上に創建する主役となってくださることを願う次第です。

ありがとうございました。

真の心情革命と真の解放・釈放時代開門

天地安着太平聖代開幕戴冠式
二〇〇四年八月二十日
大韓民国、ソウル

尊敬する元国家首班と現国家首班、国内の国会議員、世界から来られた各界の指導者、そして国内外の紳士淑女の皆様！

主催者側を代表して、御臨席賜った皆様に感謝を申し上げながら、天意に従って施す真《まこと》の愛の一本道を生きてこられた文鮮明《ムンソンミョン》総裁の平和のメッセージを代読しようと思います。（郭錠煥《クァクチョンファン》ＩＩＦＷＰ世界会長代読）

今、人類は、天運の勢いに乗り、新天新地において永遠無窮な平和世界を創建すべき神様の摂理的な時を迎えました。この途方もない天業を完遂すべき主役として、きょう皆様は、天に選ばれてこの席に来られ、祝福を受けられるのです。皆様の目には、新天新地の到来が見えないかもしれません。しかし、この場に立っている私の目には、太陽よりももっと明るい後天時代の気運が見えます。後天時代を開き、私たちの真の父母であられる神様を解放釈放してさしあげ、天地安着太平聖代をこの地上に定着させる天命を受けた皆様であることを自覚し、新しい決意を固めなさいという意味から、神様が特別に、この貴い時を迎えた皆様に下さったみ言《ことば》をお伝えしようと思います。

皆様、この時代は、人類歴史と摂理史的な次元から見るとき、実に重大な意味をもっている時です。平和世界の創建は、単純に人間の努力だけでは不可能な課業です。天運が必ず共になければなりません。このみ言《ことば》は、新天新地である後天時代を開いていきながら、天が人類に施してくださる大きな恩恵であり警告です。天命をつかんで死のうとする者は、天が必ず新しい生を下さるのであり、これを無視する者は、自然淘汰《とうた》されるのです。傾聴され、天がこの特別な時に皆様を召命されたことをお忘れにならないようお願いいたします。

神様は、私たち人間にとって、父母の中の父母であり、師の中の師であり、王の中の王の位置にいらっしゃいます。神様は、全知全能であられ、遍在していらっしゃり、真《まこと》の愛の根であられると同時に、絶対性、唯一性、不変性、永遠性をその属性としてもっていらっしゃいます。

今日、堕落人間の願いは、神様の真の息子、メシヤに出会うことです。堕落の後裔《こうえい》である私たちは、サタンの讒訴《ざんそ》圏を抜け出した神様の息子に出会わなければなりません。その次には、神様が愛することのできる真の父母を中心として形成された家庭を取り戻さなければなりません。その基台の上で、初めて私たちは、神様の愛を見いだすことができるのであり、究極的には、神様と直接出会うことができるのです。

このように、神様の真の愛を中心として、真の愛の関係を結ぶことができるのは、唯一、完成したアダム、すなわち真の父だけです。しかし、父お一人だけでは真の父母になることはできません。真のパートナーを捜し出さなければならないのです。そのパートナーは、真の女性でなければなりません。

真の父母は、個人から世界と天宙までの統一的中心となり、個人、家庭、氏族、民族、国家、世界的なすべての次元で接ぎ木することができるのです。私は、今まで、生涯にわたってこのことを準備してきました。人類は、真の父母の門を通過しなければなりません。真の父母の門を通過しなくては、心情を連結させることができないからです。

今日の世界は、心情的に、民族と民族が通じず、宗教と宗教が通じず、家庭と家庭が互いに通じることのできない世界になってしまいました。このように、前後、左右に完全にふさがれた垣根を壊し、互いに通じるようにするためには、まず神様の心情と因縁を結ぶようにしてあげなければなりません。果たして、誰がこのような使命を果たすことができるのでしょうか。天の真の仲保者として来られる真の父母様以外にはいないという結論が出てくるのです。したがって、失ってしまった真の父母を取り戻すことは、神様の願いであることはもちろん、人類の夢だったのです。

人類の先祖であるアダムとエバは、神様が本当に願う真の人類の先祖、すなわち人類の真の父母にならなければなりませんでした。その真の父母の血族として、私たち人類は生まれなければなりませんでした。このように、歴史の出発から始まらなければならなかった人類の真の父母、その真の父母は、神様の栄光の実体であり、人類にとっては永遠の勝利の実体として現れなければなりませんでした。

堕落によって人類は、天の法度から離れ、自らの実体を失ってしまい、神様の心情を蹂躪《じゅうりん》した邪悪な群れとなってしまいました。したがって人間は、神様のみ言によって再び自らの実体を取り戻し、真の心情の世界を取り戻す復帰の路程をたどってきているのです。堕落によって万物よりも悪い立場に落ちるようになり、神様と自由に対することができない悲しい立場に落ちるようになったのです。このような人間は、自分で自分を回復することができないので、神様は、人間を悟らせながら再創造の役事をしてこられたのです。

かわいそうな人類を救援しようとしても、堕落圏以下ではどうすることもできません。堕落とは無関係の神様でいらっしゃるからです。ですから、神様は、堕落していないアダムとエバ以上の立場、すなわち完成したのちのアダムとして来られるメシヤが、神様の家庭を築き、真《まこと》の父母になられるその日だけを待ち続けてこられたのです。そのような家庭の上で、初めて真の孝子が出てくるのです。そのような家庭を基台として立てられた国家基盤の上で真の愛国者も出てきます。その基盤が世界的に広がれば、真の聖人が、そして天宙的次元では聖子《せいし》が輩出されるのです。そのような真の家庭の基盤の上で、初めて天の代身者が現れ、相続者が生まれるというのです。

皆様、「真の父母」という言葉は、神様の創造が始まる以前から神様の心の世界で始まった単語です。神様の創造によって因縁を結んだすべての理想は、真の父母を中心とする真の愛の理想を表題として出発したので、「真の父母」という言葉は、創造以前から神様が願われた希望の言葉だったということを知らなければなりません。真の父母を捜し立てるまで、神様の摂理路程において数えきれないほど多くの人々が犠牲になったという事実も、皆様は知らなければなりません。神様は、摂理の路程において、その時々に適切な宗教を立てて摂理してこられました。したがって、宗教の中には、天使級の宗教、カイン的な宗教、アベル的な宗教、養子的な宗教、庶子的な宗教、養父母的な宗教、真の母格の宗教、そして真の父格の宗教があります。

キリスト教の歴史を見れば、アベル格の新教とカイン格の旧教が神様の摂理全体のみ旨に合わせ、世界の各地域において、様々な文化圏を中心として人類救援のために自分たちなりに努力していたすべての宗教圏を統合し、一つの国、一つの世界、すなわち一つの平和世界を成し遂げなければなりませんでした。あらゆる宗教の中の主流宗教がキリスト教だったからです。

神様は、縦的な真の父母です。そのような神様が、霊界で子女を生産することができればどれほどよいでしょうか。しかし、霊界では生産が不可能です。したがって、神様は、アダムとエバを横的な人類の真の父母の位置に立て、彼らを通して天国の民を輩出する生産工場として造られたのです。垂直は、一つの焦点しかないので、体積を必要とする生産を行うことはできません。生産に必要となる体積は、垂直と水平が出会って面積を形成する時に初めて生じるのです。

赤ん坊は、神様が生むのではありません。真の父母を通して生むのです。ですから、神様は人類の縦的な真の父母であり、その縦的な真の父母に対して、真の愛を中心として九〇度に合わせ、横的な真の愛をもった私が、正に人類の横的な真の父母の位置に立っているのです。真の父母の立場は、人類があれほど捜し求め、待ち望んできた救世主、メシヤ、再臨主の立場を総体的に代弁する立場であり、あらゆる宗教の目的の教えの上に立っているのです。縦的真の父母と横的真の父母を捜し出して侍り、真の愛の子女を生産するようになるとき、ほかの言葉が必要でしょうか。「真の父母」という言葉の中には、「救世主」、「メシヤ」、「再臨主」という言葉がすべて含まれているのです。それで、霊界の五大宗教の代表とすべての聖賢、賢哲、そしてさらには歴史上最も邪悪なサタンとみなされているスターリンやヒトラーのような者たちも、私を人類の救世主、メシヤ、再臨主、真の父母と宣布し、「その方の教えを実践することに生命を捧げます」と決意する決意文を続々と送ってきているのです。

生命の創造には、二つの父母の愛が絶対的に必要です。一つの父母は、創造主であられる天の父、すなわち縦的な無形の真《まこと》の父母であられ、もう一つの父母は、その無形の真の父母が御自身の創造理想を実現するために、実体をもって地上に顕現した横的な真の父母です。ですから、神様は、心的な真の父母の立場にいらっしゃり、横的な真の父母は、体的な立場にいらっしゃるのです。

不幸にも、人間始祖アダムとエバの堕落によって、神様が創造とともに理想とされた真の家庭は実現されませんでした。エデンの園において、エバは天使長に誘惑され、アダムはエバの誘惑に勝つことができず、利己的な偽りの愛をこの世の中に植えてしまいました。このように、人類の罪と不幸は、人間始祖アダムとエバがサタンを動機として結んだ不倫の愛の結果に由来しているのです。それゆえに、神様の復帰摂理は、まず人間の心と体を引き裂いた葛藤《かっとう》の壁を除去し、真の家庭を復帰し、真の愛と善の世界を世界的版図に拡大していく歴史を展開してきたのです。

早くからこのような天の真理と秘密を看破した私は、今まで半世紀以上にわたり、キリスト教徒たちに、さらにはすべての宗教人と全人類に集中的にこれを説き明かしてきたのです。数十、数百に分かれている宗教界とキリスト教はもちろん、この真理でなければ人類を統一させることができる道は一つもありません。

神様の恨《ハン》は何でしょうか。民を抱いて泣き、地に対して泣いたことはありましたが、神様が願われる勝利した息子を抱いて、喜びと感激の涙を流したことはなかったのです。それが神様の恨です。すなわち、天から、「あなたは勝利した息子である」という認定を受けることのできる人がいなかったことが、人類歴史を通じて神様の恨として残されてきたのです。
今、私たち人類は、新しい後天時代を迎え、真の愛を中心として神様を完成させてさしあげなければなりません。神様御自身に未完成な部分が残っているという意味ではなく、完全な主体でいらっしゃる神様の前に対象として創造された私たち人間も、完全な対象、すなわち絶対価値をもった真の対象にならなければならないということです。既にその位置に立っていらっしゃる真の父母様に似て、神様が、絶対的位置で絶対相対を確保し、解放をお受けになることができる真の理想家庭の愛の主人にならなければならないということが私たちの責任です。主体的神様を中心として、先生がそのマイナスとなって完全統一をなしたのと同じように、皆様も、真の父母を中心として、実体的にプラスとマイナスとなることによって、神様と一つになった位置に思いどおりに入っていくことができるのです。

皆様がいくら忠臣家庭になったとしても、国家がなくなれば何の役にも立ちません。いくら忠臣であっても、国がなければ歴史に定着できる基盤がなくなるからです。それゆえに、家庭を通して国を復帰しなければならず、国を通して世界を復帰しなければならず、世界を通しては天宙を復帰することができなければなりません。そのような位置を確保する時、皆様と皆様の家庭は、天宙の主人と同じ価値をもつようになるのです。

皆様、今人類は、歴史上、空前絶後の真の解放・釈放の時である後天時代を迎えました。太初にアダムとエバの失敗によって、偽りの罪悪の血に染まった堕落のエデンの園を果敢に脱出し、天の召命に悲壮な覚悟で立ち上がらなければならない時が来ました。

先天時代の旧習に執着することなく、心と体のすべてを天の前に捧げ、真《まこと》の天一国《てんいちこく》を皆様の家庭から探し立てなければならないという天命を受けるために来られたのです。天命は、背くことのできない天の命令です。死ぬ前に、自らを生きた祭物としてでも天の前に捧げ、責任を完遂しなければならない絶対命令です。

六十億人類のための世界平和は、真の父母を軸として、すべての宗教と思想が真の愛圏内で和合統一されてこそ可能であるという厳粛な天の命令に従い、私は、そのみ旨を成すために、さらに多くの心血を注いでいます。

私の指導のもとで、昨年（二〇〇三年）十二月二十二日、エルサレムでイエス様に対する戴冠《たいかん》式をしてさしあげ、これを第二イスラエルであるアメリカに連結し、今年（二〇〇四年）の二月四日、ワシントンD・Cで興進《フンジン》様とイエス様を中心とする戴冠式がありました。そして、去る三月二十三日、アメリカ議会上院ビルにおいて、私は、アメリカの国会議員と世界の著名な宗教指導者たちが共にいらっしゃる席で、「世界平和の王」として推戴《すいたい》され、即位式をもちました。その基台の上に、きょうは完結的に摂理の祖国であり、父格国家であるここ大韓民国で真の父母様が天宙の前に、永遠の人類の真の愛の平和王として推戴される戴冠式をもちました。

「安侍日《アンシイル》」が制定宣布された今、神様は、七日に一度ずつ回ってくる日曜日だけ安息されるのではなく、失った七日間はもちろん、八日目を「安侍日」と定めて慶祝され、御自身が創造された霊界は言うまでもなく、地上界の万人と万象から喜びと敬愛と栄光を受けられる天の真の父母様となられたのです。今からは霊界も総動員され、地上界を協助できる道が完全に開かれました。

神様の人間創造をよく調べてみれば、絶対主体の位置にいらっしゃる神様も、御自身の絶対相対になってほしいという天命によって人間を創造されたということを知ることができます。しかし、人間は、堕落により、その天命に最後まで従うことができませんでした。そして、絶対価値は夢にも見ることができず、相対的価値観にばかりすがる青盲（注：目は開いているが物を見ることができない）の人生を生きる人類となったのです。

しかし、今は、真の父母の八十有余年という生涯の姿が、いきいきと皆様を導いています。真の愛の姿とは果たしてどのようなものなのかということを、はっきりと見せてくれています。与えてまた与え、許してまた許してあげる真の父母様の怨讐《おんしゅう》愛の標本的生涯の前で、誰が弁明することができるでしょうか。ただ、絶対信仰、絶対愛、絶対服従の道だけが皆様の宿命的人生であるということを、はっきりと悟らなければなりません。

蕩減《とうげん》革命、良心革命、心情革命の三大革命を、皆様の日常生活の中で実践し完遂して、真の解放と釈放の時代を開門する天の特攻隊になることを覚悟して立ち上がる人は、天の前にその決意を誓いましょう。

今からお帰りになれば、私がきょう皆様に差し上げたこの貴い天運の贈り物を大切に使ってくださるようにお願いします。子々孫々、皆様の家庭における永遠の伝統となり、宝物となるでしょう。神様の祝福が皆様と共にあることをお祈りいたします。

ありがとうございました。

神様の心情の解放、釈放のための孝子、忠臣になろう

二〇〇四年十二月十三日　午前七時
アメリカ、ワシントンD・C

尊敬する前・現職の国家元首、世界の宗教界と各界を代表する指導者、アメリカの高名な指導者、そして紳士淑女の皆様！

天が決定され、進行される摂理の時と方向をあまりにもよく知っている私は、きょうこの時点において、全世界六十億の人類に伝えてあげるべき天の警告的次元のメッセージをもって、この場に出てきました。歴史上、誰も明確には分からなかった神様の事情と心情を皆様に明らかにすることによって、今摂理的終末期にいる人類が果たすべき責任と方向性を正しく提示しようと、きょう私は、「神様の心情の解放、釈放のための孝子、忠臣になろう」という題目でお話ししようと思います。

真《まこと》の愛の本体であられる神様が、なぜ人間を創造されたのかというと、独りでいれば刺激がないためです。喜びというものは、相対関係によってわき出るものです。独りでは喜びの刺激を得ることができません。神様も愛の対象が必要なのです。独りでは愛することができないのです。このために人間は、神様の真の愛のパートナーである子女として造られました。

このように、神様は人間の父であり、人間は神様の息子、娘です。神様の骨の中の骨、肉の中の肉、骨髄の中の骨髄をすべて投入して創造されました。父と息子が出会うことができる最高の場所は、愛が交叉《こうさ》するその中心、生命が交叉するその中心、理想が交叉するその中心です。神様は、人間を全知全能であられる御自身と同等の立場であり、同位の立場に立つようにお造りになりました。それで、人間の本心は、最高のものを希望するのです。

創造理想完成は、どこから始まるのでしょうか。それは、神様ではなく、正に人間から始まるのです。神様の理想は神人一体なので、人間の完成がない限り、神様の完成もまたあり得ないのです。だとすれば、神様は、人間始祖のアダムとエバが神様に似た無限の価値的存在になることを、どれほど期待しお待ちになったでしょうか。

ところが、アダムとエバが堕落することによって、神様は真の息子、娘をもつことができなくなりました。したがって、真《まこと》の愛を中心として血統的な因縁をもつことができる神様の家庭も、成し遂げることができなかったのです。

その代わりに、偽りの父母により、偽りの愛と、偽りの生命と、偽りの血統の因縁を結ぶことによって、堕落の子孫である私たちには心と体の闘いが起きました。そして、アダムとエバは怨讐《おんしゅう》となったのであり、彼らの息子、娘たちの間には殺戮《さつりく》戦が起きました。結果的に神様は、アダムとエバを真の人類の先祖として、人類の父母として、御自身の息子、娘として対することができなくなりました。神様は、二人といない息子、娘、永遠の独り子と独り娘を失ってしまわれたのです。

堕落は、どこから始まったのでしょうか。男性と女性の間で堕落したものとは何ですか。聖書の文字どおり善悪の果《み》を取って食べたのですか。果物を取って食べたことが原罪になり得ますか。異性間で堕落できるのは過った愛しかありません。人間始祖が果物を取って食べた罪として、その子孫が千代、万代罪人になり得るのですか。これは、血統的に罪の根を植えたので、遺伝法則によって永遠に持続されるのです。

不倫な淫行《いんこう》関係によって、エバは天使長と一つになり、アダムは天使長と一つになったエバと再び一つになることによって、アダムとエバは、神様を中心とせずに天使長を中心とした夫婦関係を結んで家庭を成すようになったので、アダムとエバの子孫であるすべての人間は、結局サタンの血筋を受け継ぐようになったのです。

本来、創造理想の中で、愛は所有権を決定するようになっています。したがって、いったん愛の関係を結べば、その愛を中心とした主体と対象は、お互いの所有権をもつようになるというのが原理です。このような原理的基準で、天使長が堕落して悪神になったサタンは、不倫の愛の因縁を通して、堕落人間に対する所有権を堂々と主張できるようになったのであり、人間の本当の父は神様でいらっしゃるのに、かえってサタンが父の振る舞いをしているのです。それで、ヨハネ福音書の第八章四十四節を見るとイエス様は、「あなたがたは自分の父、すなわち、悪魔から出てきた者であって、その父の欲望どおりを行おうと思っている」と叱責《しっせき》されたのです。

今日のキリスト教徒たちは、み座の上にいらっしゃる万軍の主は全知全能であられるので、自由に号令され、万事思いどおりにすることができると思っていますが、神様の実相は、恨《ハン》を抱いて悲惨な立場にいらっしゃるお方なのです。

純粋な本質的愛をもった神様の前に理想的対象として描かれたアダムとエバが、堕落して離れていった時、神様の心がどれほど悲しんだでしょうか。堕落の当事者たちより、そしてこの世のどんな人よりももっと悲しまれたのです。失ってしまった内容が深ければ深いほど、そしてその価値が大きければ大きいほど、その悲惨さはより一層大きいのです。そのような神様は、失ってしまった子女を取り戻すために、今まで復帰の道をたどってこられました。

神様は、漠然とした方ではありません。具体的な人格を備えた方でいらっしゃいます。ですから、私たち人間とは、最高の真《まこと》の愛の関係をもとうとされるのです。しかし、最高の愛と喜びを人間と共に永遠に享受しようとされた神様は、その出発点を人間始祖によって失ってしまわれました。それは正にアダムとエバの堕落のためです。

本然的真の父母の位置にいらっしゃるべき神様が、父母の位置を奪われてしまったのですから、どれほど悲痛であられたでしょうか。偽りの父母である怨讐《おんしゅう》サタンの血筋を譲り受け、真の父母が分からない堕落した子女を見つめなければならない神様の心情は、どれほど悲痛ですか。人間の悲惨な姿を、その瞬間ごとに見つめる神様の心情、父母の心情は、どのようなものでしょうか。

すべての宇宙を与えても取り替えることができない真の愛の実体対象を失われることによって、万物万象まですべて失ってしまい、創造理想全体が崩れるような悲しみの神様になられたのです。天宙の王座を怨讐に奪われた無念な神様になられたのです。絶対信仰、絶対愛、絶対服従の原理を徹底しながら真の愛を投入されたので、堕落の結果によって一層切なく思わざるを得ない神様になられました。神様は、御自身の理想を強奪され、愛する息子、娘を強奪され、天宙の王権を強奪されて、それでもサタンから讒訴《ざんそ》を受けてこられたのです。

このような嘆息の歴史は、堕落以後、世界的に訪れるものだったので、創世記によれば、神様も堕落の結果に対して嘆息されました。使徒パウロは、「万物が嘆息し、私たちの先祖も嘆息し、全人類までも嘆息し、多くの神様の息子、娘たちが現れることを望んでいる」という内容の話をしました。それは、すべてのものが嘆息圏を抜け出すことを願ったからです。

ですから、人間の創造本然の特権的価値を喪失して苦しむ無価値な人生を見つめる神様の内情的心情は、どれほど悲惨でしょうか。「あの子女たちは、本来私の愛と私の生命と私の血統を通して私の直系の子女となり、天国の栄光を占有していなければならなかったのに、敗者の仮面をかぶり、苦痛と嘆息と絶望の中で苦しんで生命を締めくくる立場に立っている」と思われたのであり、それを見つめる神様は、どれほど苦しまれたでしょうか。

一般的に全知全能で栄光のみ座に座った神様だと信じてきましたが、自分の息子、娘が死んでいくのに、神様がそのままみ座に座って、「こっちに上がってきなさい。私が席を外すことはできない！」、そのように言われるでしょうか、そうでなければみ座を飛び出して下りていかれるでしょうか。

私たちは、神様が泣き叫びながら、「私の息子よ、私の娘よ！」と、数万年、数百万年叫んでこられた事実を知らなければなりません。全知全能であられる神様が、なぜ哀れであられるのかと反問する人もいるかもしれませんが、神様は、愛する息子、娘を失った衝撃から抜け出すことができないのです。自らそれができる道があったとすれば、神様は今まで長い復帰摂理歴史路程をたどりながら苦労される必要はなかったというのです。

堕落の世の中でも、子女が犠牲の道を行けば、そのままほっておく父母はいません。だとすれば、愛の本体であられる神様は、愛の対象である人類を死ぬ立場に永遠にほっておくことはできないのです。神様が本来、理想とされたその人間、その世界を回復されなければなりません。それで神様は、救援摂理、すなわち復帰摂理をしてこられたのです

復帰摂理の過程において、神様の苦労がどれほど大きいかということに対する理解もとても重要です。神様の真《まこと》の父母の心情は、堕落した人間の苦痛をそのまま御自身の苦痛として感じて摂理をしてこられました。

しかし、堕落した人類の始祖は、悪魔、サタンの偽りの愛、偽りの生命を受け、サタンが人類の偽りの父母、偽りの主人の振る舞いをしてきたので、救援摂理は容易ではありませんでした。

ある人は、キリスト教で全知全能だという神様が、なぜ無力な神様になり、滅びつつある人類を傍観するのかと疑問をもつこともあります。しかし、人間は、自ら罪を犯したので、人間自身がそれを解決できる解放圏に対する条件を立てなければ、神様が人間を無条件に解放してくださることはできないです。そのようなことができる神様だったのなら、初めから人間始祖をエデンの園から押し出したりはされなかったのです。さらに、サタンが血統的な因縁を立てて主人として君臨しているので、より一層難しいのです。

創造理想の本然的基準にはあり得ないことが発生し、本然の父母の位置を奪われることによって、神様は、創造主でいらっしゃっても、これを干渉することもできず、また全体的に責任をもつこともできない立場に立つようになったのです。

どんなに全知全能でいらっしゃる神様だとしても、堕落した人間世界とサタンに対しては、単に

能力で審判してしまうことはできないのです。永遠な真の愛のパートナーとして造られた人間なので、一時に整理なさることはできず、真の愛で復帰摂理を進行してこられました。また、たとえサタンから讒訴《ざんそ》を受けて蔑視《べっし》されても、犠牲と、絶えず与える真の愛で対してこられたのです。

サタンは、神様に、「御自身の創造理想を中心として、愛の絶対権理想である真の単一宗族《そうぞく》圏をつくるための愛の血統圏が、このようにみな滅んで破壊状態に至ったのに、今も創造理想的論理が適用されると思われるのですか」とあざ笑ってきたのです。そのようなとき、神様は何と答えられるのでしょうか。どれほど呆然《ぼうぜん》とすることですか。

それでも、神様が受難の過程を通った長い復帰摂理をしてこられた原因は、どこにあるのでしょうか。全知全能であられるからですか。違います。愛する息子、娘を復帰するための真の愛の理想のためです。御自身の事情はあとにして、人間の事情を理解してあげようという神様であられたのです。ですから、悲しい者には悲しい事情をもって訪ねてこられ、無念と悔しさで胸を痛めている者には、そのような事情をもって訪ねてこられました。

尊敬する指導者の皆様！

皆様は、神様とどれほど深く事情を通じさせてみましたか。神様のためにどれほど涙を流してみたでしょうか。神様の苦労を身代わりするために、四肢が裂かれる道でも訪ねていこうと身もだえしてみたことがありますか。できなかったというのです。神様は、私たちの事情を慰労しながら訪ねてこられ、背いた子女に対して変わらない父母の心情で長い歳月を訪ねてこられたのです。

しかし、父母でいらっしゃる神様は、万民が嘆息圏を抜け出さない限り、嘆息圏から抜け出すことができないのです。神様はこのような立場にいらっしゃるので、私たちは、神様の事情と心情を慰労してさしあげ、解放してさしあげなければなりません。

それでは、何によって神様を解放してさしあげることができるのでしょうか。神様が愛の対象である子女を失ってしまい、万民を子女として愛することができない拘束圏にいらっしゃるので、私たちは、神様が万民を自由に愛することができる解放圏を、神様の前に取り戻してさしあげるべき責任があります。神様の拘束が人間の堕落のためだったので、人間は、堕落線を越えて勝利した息子、娘となって解放してさしあげなければなりません。

歴史的に人間は、神様の心の中に途方もない苦痛があることを知らずに生きてきました。レバレンド・ムーンは、このような恨《ハン》と苦痛の神様を知ってから、何日も、何週間も痛哭《つうこく》しました。統一教会の出発には、そのような深い事情があることを皆様は知らなければなりません。

神様が、真《まこと》の愛に背いて怨讐《おんしゅう》の懐に抱かれた人間に対して、「私の息子よ！　私の娘よ！」と切ない思いで叫んでこられたのですが、そのようなお父様に対して、喉《のど》がかれるほど「私のお父様！」と叫んでみましたか。舌が乾き、息が詰まりながら懇切にお父様を呼んでみましたか。

堕落した群れは、神様に対することができる何の内容も備えることができなかったのです。私たちのあらゆる感情と五官の作用は、すべて世俗化したものです。本然の神様に対することができるものは一つもありません。公義の法では、神様に対することができるものは全くありませんが、ただ一つ、愛の法をもって対することができる道があります。

人間が堕落することによって、神様は自由にされることができなくなりました。したがって、人類始祖も自由にできずに拘束されたのであり、その次には天使世界、そしてその次には数多くの宗教人、これに続いてあらゆる人類も、やはり拘束圏内に生きるようになりました。

神様は拘束された方でいらっしゃいます。息子、娘を失ってしまった父母、そして孝子を失ってしまった父母の心を解いてさしあげるためには、本然の子女、本然の孝子以上、あらゆる面でその十倍以上の誠意と努力を尽くして孝を行わなければなりませんが、それでも、本然の心で解放してさしあげるのは簡単ではないでしょう。しかし、レバレンド・ムーンは、早くから「神様を私の手で解放してさしあげよう」と決意して生きてきました。

宗教の真の使命は何ですか。それは、愛の心情で神様を解放し、人類と霊界を解放し、そして地球星《ほし》まで解放するのです。多くの人々は、神様が私たちを解放してくださるだろうと思っていたかもしれませんが、事実は神様が心情的に拘束されているということを知って、私たちが神様を解放、釈放してさしあげなければならないのです。

このためには、「人類のために神様が拘束を受けていらっしゃるのだ。私のために神様がサタンの讒訴《ざんそ》を受けていらっしゃるのだ。私のためにイエス様も苦難を受けてくださったのだ。お父様、解放の位置に移してさしあげます。イエス様も、聖霊も、解放の位置に移してさしあげます」と言うことができる信仰で飢えた者、所望で飢えた者、愛に燃える者を、神様は長い間訪ね求めてこられました。

今までこの地には、神様が主管なさることができる、統一された神様の民と真の愛の主権国家がなかったのです。それにもかかわらず、全能の王を賛美したのですから、神様の心情が自由でいられたでしょうか。

神様の前に孝子がいなかったのであり、忠臣の道理、聖人の道理、聖子《せいし》の道理をすべて果たし、天国を守ることができる真《まこと》の愛の体制がなかったために、神様がお立ちになる位置がなかったというのです。それで神様は、今まで囹圄《れいご》の身で軟禁状態にとどまってこられたのです。

この恨《ハン》をどのように解くのでしょうか。神様の本質的な愛の実践運動以外には方法がありません。したがって、最後の宗教は、神様が哀れで無念なお方であることを詳細に教え、人間を本然の心情世界に連結させることができなければなりません。

私たちは今、真の愛運動を通して神様を解放、釈放してさしあげなければなりません。それをしなければ、天道が立て直されず、この地上に理想世界が訪れることができないのです。

真の愛運動は、私が創設した「世界平和超宗教超国家連合」と「平和国連」（超宗教超国家平和協議会）がアベル的立場であり、そして蒙古斑《もうこはん》同族世界平和運動がカイン的立場で一体となり、歴史の恨を植えたカイン・アベルの分立歴史に終止符を打っています。

アメリカは今、自由世界を代表する兄の位置で、神様のみ旨完成のために先鋒《せんぽう》に立つべきです。そして政党間において、または人種間において、利害や打算を全面に出して国民を分裂させる、欺満で利己的な個人主義的思考の枠組から抜け出すべきです。そして、神様が皆様の家庭、皆様の国に臨在して暮らしたいと思われる、自由と平和が花咲く真の国家を立てなければなりません。

このために、私たち全員が手を取り合い、神様を解放、釈放してさしあげ、創造理想を完成した地上天国、平和王国を創建しましょう。

神様の祝福が永遠にこの地に共にあることを祈願します。
ありがとうございました。

摂理史的終末期と私たちの使命

二〇〇四年十二月十三日　午後七時
アメリカ、ワシントンD・C

世界各国から来られた超宗教・超国家圏を代表する指導者の皆様！

きょう、私たちは、まず全員の心を合わせ、万有の真《まこと》の父母でいらっしゃり、真の愛の主人でいらっしゃる神様に、心からの感謝と栄光をお捧げしましょう。そして、きょうをアメリカの歴史に新しい礎石を置く、最も貴い記念日となるようにしましょう。

半世紀にわたり、人類を焦燥と不安の中に閉じ込め、様々な権謀と術数を動員して天と人間を欺《ぎ》瞞《まん》してきた冷戦時代が終わり、今新しい世紀を生きている皆様！　果たして、どのくらい安定し幸福な生を営為していらっしゃるでしょうか。

皆さんの周囲を一度見渡してみてください。冷戦の桎梏《しっこく》から抜け出た世界の若者たちは、自由を満喫するにとどまらず、無節制な放縦の沼に向かって走っています。神様の創造理想を根本から排斥し、極度の利己的個人主義の傘下で、フリーセックスの奴隷となって各種の社会悪をつくり出しています。いわゆる、ゲイ・ムーブメントという旗印を掲げ、ホモたちは「同性間の結婚」という到底許し難い蛮行をしでかしています。彼らの主張が貫徹した世の中を一度想像してみてください。人類は、二代を超えることができずに絶滅するでしょう。

また、天のみ旨から顔を背け、淫乱《いんらん》と不道徳の中に墓を掘っている、この時代の邪悪な群れにくだされた天罰の表徴がエイズという不治の病です。今この時間にも、一日に数千人ずつ、無辜《むこ》の生命がこの呪《のろ》いの天疫（天の疫病）に感染し、死亡の道へと落ちていっているではないですか。「離婚」という疫病、これもまた崇高な家庭の価値を破壊する主犯となり、人類を新しい次元の危機と苦境に陥れています。突然父母と離別し、継父や継母のもとで、甚だしきは孤児院で、幼い心に消すことのできない傷を抱えて生きていく、かわいそうな子供たちに何の罪があるのですか。彼らが奪われた父母の愛は、誰が弁償してあげることができるのですか。

さらには、宗教間の葛藤《かっとう》によって始まった中東地域の紛争は、各種のテロと殺傷により世界を恐怖のるつぼに追い込んでいます。不幸にも、私の祖国、韓半島もやはり、いまだに世界で唯一、国土が分断されたまま、統一されるその日を首を長くして待っているのです。

このように、道徳が地に落ち、家庭の価値が満身創痍《そうい》となった今日の世界を、果たしてどのような方法で救い出すことができるのでしょうか。

指導者の皆様。

私は、きょうこの席で、天がこの時代を生きていく六十億人類に下さった、新しい戒律的啓示のみ言《ことば》を伝えようと思います。「摂理史的終末期と私たちの使命」という題目のみ言です。

人類の最初の先祖であるアダムとエバの堕落は、人類を偽りの愛、偽りの生命、偽りの血統の束縛から抜け出すことができない、呪《のろ》いと恨《ハン》の歴史の中に閉じ込めてしまいました。数千、数万年の長い歴史の中で、誰一人として例外なく、サタンの偽りの血筋を相続され、偽りと罪悪が点綴《てんてつ》する生を営為せざるを得ない人生行路へと転落してしまいました。堕落の後裔《こうえい》である人間の努力だけでは避けることのできない、宿命的路程のようになってしまったのです。

ですから、人類は、誰かがサタンの血統とは無関係の天の血統をもって顕現し、罪悪と偽りの中で呻吟《しんぎん》するこの堕落世界を救ってくれることを待っているのです。汚れた醜悪なサタンの血統から解放してくれる真《まこと》の父母を待ち続けてきたのです。しかし、不幸にも人間は、サタンを父母として生きる野生のオリーブの木の身の上に転落してしまったのです。したがって、人類の救世主であり、メシヤの使命をもって顕現される真の父母は、数千、数万年放置された野生のオリーブの木を無慈悲に切ってしまい、真のオリーブの木に接ぎ木して人類を真なる血統に転換してあげる、超宗教・超国家的次元の革命的な大役事を完成するようになるのです。

しかし、真の父母は、時と場所を選ばずに、願ったからといってどこにでも顕現するのではありません。長い歳月をかけて展開してこられた天の復帰摂理が、最後の結実を結ぶようになる摂理的終末期になって、初めて顕現されるのです。言い換えれば、天運と共に本然の真の父母時代が到来しなければならないという意味です。

皆様は、天が経綸される摂理の時を知ることができません。真なる天の愛と生命と血統をもって来られた真の父母だけが摂理的な時を知り、そこに合わせて人類救援の摂理を完結されるのです。真の父母だけが全霊界を治められ、四大聖賢たちと善なる祖先たちを総動員させ、皆様の永生問題にまで責任をもつことができる権能をもってこられたのです。

指導者の皆様。

皆様が知らない間に、六十億の人類は、既に天運到来の新しい恩賜圏に進入しています。天の印を受け、人類の真《まこと》の父母の使命を委任された私は、天と地を懸けて堂々と宣布します。人類歴史の終末摂理時代を迎え、双合十勝圏の後天開闢《かいびゃく》時代を広げていく祝福（血統転換）の時代を迎えました。善悪の分別が難しく、悪い者がむしろ豊かに暮らしていくような先天時代の病弊は、これ以上天が看過しないのです。

したがって、皆様は今、望みをもって天道に従って生きなければなりません。絶対、唯一、不変、永遠を属性としてもっていらっしゃる神様に似て、真の愛を実践する生活を通して人格革命を完遂しなければなりません。この道だけが、私たちすべてが共にこの地上で、さらには天が何よりも念願し望んでこられた地上天国、すなわち平和王国をこの地球星《ぼし》の上に創建できる道なのです。

皆様には、祖国光復という言葉が聞き慣れないかもしれません。祖国を失ってみたことがないので、祖国を再び取り戻す必要がないと思われるでしょう。しかし、きょうここで語る「祖国」は、皆様が通常考えているそのような祖国ではありません。人間始祖のアダムとエバの堕落によって失ってしまった創造本然の祖国、すなわち地上天国を意味するのです。

元来、アダムとエバの堕落がなかったならば、どのような世界になっていたと思いますか。彼らは、神様の祝福結婚を受け、罪のない真の子女を生産し、真の父母になっていたでしょう。その家庭は、地上天国を創建する基本核となっていたでしょう。その家庭の子女たちは、神様を中心として三代圏を成し、この地上に永遠の平和王国を創建する主役になっていたのです。さらには、アダムとエバは、三時代圏を代表するアダム氏族、アダム民族、アダム国家の王と王妃になっていました。彼からアダム王国は永遠に存続していたのであり、その国が正に人類の永遠の祖国、すなわち平和王国になっていたのです。

しかし、不幸にも人類歴史は、そのように平穏な出発をすることができませんでした。アダムとエバの堕落は、数千、数万年の間、人類を父母のいない孤児の身の上に転落させたのであり、祖国を失ってしまったまま乞食《こじき》になって流浪する民にしてしまったのです。神様を縦的な真の父母として侍り、世界万民が一つの家族圏を成し、絶対信仰、絶対愛、絶対服従の道理を果たしながら生きていくべきだった人類は、あきれたことに、サタンが植えておいた各種の境界線と国境線の出現によって、ばらばらに分かれてしまいました。

そうだとすれば、私たちの真正な祖国光復とは何であり、どこから実現されなければならないのでしょうか。祖国光復とは祖国創建です。既存の世界で祖国を探し立てるのではありません。堕落と無関係な元初的次元で、国境のない新しい神様の祖国を創建する真の愛の再創造役事です。したがって、祖国光復は、怨讐《おんしゅう》までも愛する真の愛の生から始まるのです。豆を植えれば豆が出て、小豆を植えれば小豆が出ます。復讐《ふくしゅう》するサタンの種を蒔《ま》けば、血を見る悪の実が結ばれるのです。

しかし、怨讐までも許し抱く真の愛の種を蒔いた所には、善の木が育ちます。これは、一寸の誤差もない宇宙の法則です。このように、人類の祖国、すなわち真の神様の祖国は、怨讐を愛する道から訪れてきます。個人、家庭、氏族、民族、国家、世界的次元で怨讐を愛する真の愛、真の生命、真の血統の伝統を立てた道から、神様の祖国は訪れてくるのです。

それでは、世界の指導者でいらっしゃる皆様の使命は何だと思われますか。サタンの主権が世の中を支配している限り、皆様には国がありません。この地上に二百以上の国家がありますが、果たしてどの国が神様のみ旨を成した、神様と人類の真正な祖国になったでしょうか。六十億の人類は、選択の余地なく、すべて偽りの血統を受けて生まれたサタンの後裔《こうえい》です。皆様がアメリカの国民であれ日本の国民であれ、あるいはどの国の国民であれ、例外なく皆様の体には、サタンの愛、サタンの生命、サタンの汚れた血がもつれて流れているという事実を知らなければなりません。この汚れた堕落の遺産を皆様の体から除去しない限り、祖国光復の夢は成し遂げることができません。したがって、皆様は、すべて新しい人格革命、すなわち真《まこと》の愛の革命を完遂しなければならないのです。

それでは、神様に似て人格革命を完遂する道は、どこから探し出すことができるのでしょうか。人類は、堕落性を受け継いで生まれた堕落の後裔なので、皆様には、真の愛の三大革命を完遂して人格完成を成就しなければならない課題が残っています。それは、蕩減《とうげん》革命、良心革命、心情革命のことを言うのです。

蕩減革命とは、皆様のすべての内的・外的所有権を取り戻し、完全に蕩減して勝利し、その蕩減圏を超越する基準を立てなさいという意味です。過去、サタン支配圏時代だった先天時代に習得した、個人、家庭、国家時代圏のすべての習慣と思考までも果敢に捨て去る革命を、皆様の生活の中で完遂しなさいという意味です。

その土台の上に新しい後天時代の生活の座標である絶対価値観的真の愛の理想家庭を実践完成し、永遠に神様の真の幸福の子女として生きなさいということです。

神様の理想家庭での絶対価値観とは、父母、夫婦、子女の三代圏を中心として完成されます。父母が真の愛の主人の立場に立つことができる道は、子女の出生によって完成されるのであり、夫が真の愛の主人になるのも、結婚して妻を迎えるときに初めて可能になるのです。同じように、兄弟間の関係において、兄を真の愛の主人にしてくれるのは弟なのです。

したがって、主体である者は、自分を真の愛の主人の位置に立たせてくれる相対に対して、「ために生き、投入し、その投入したことを忘れ、より大きな目的のために犠牲になる生活」を生きなければなりません。正にここから永遠不変の絶対的価値観が創出されるのです。このような家庭で、父母、夫婦、子女は、三代圏を形成し、お互いが真の愛の主人を完成させてあげるので、永遠の一体圏が定着し、神様と共に永遠に共生共存する絶対価値観的生活を営為するようになるのです。

さらに、皆様のすべての財産や外的所有権も、いったん未練なく天のものとして帰属させ、サタン世界と絶縁させて聖別したのちに、再び天の祝福によって伝授されなければならない革命的実践過程を通さなければなりません。すなわち、サタンが二度と所有権を主張できない聖別された財産として天の富を積んでいきなさいということです。

良心革命は何を意味するのですか。それは、良心の声に絶対服従しなければならないという内的革命です。皆様の中では、いまだに善を指向する良心の命令と肉身の欲望を追い求める肉心の誘惑が、絶えず葛藤《かっとう》を続けているという事実を否定することはできないのです。このような恥ずかしい内面の闘いを終息させるためには、良心の位置と作用を明確に知らなければなりません。

良心は、皆様の一挙手一投足を、さらには皆様の考えまでも、一点一画の加減なく把握していますす。皆様の先生より先に知っています。皆様の父母よりも先に知っています。神様よりも先に知っています。このような良心の命令に逆らえば、どのような結果を招来するでしょうか。皆様御自身が呵責《かしゃく》を受けるのです。皆様の霊魂に埃《ほこり》がつき、垢《あか》がついて傷が生じるというのです。この傷は、永遠に消すことができずに、そのまま霊界に抱えていかなければならない恐ろしい荷物です。したがって、革命的な次元で自分の肉心を抑え、良心の案内を受けて神様の前に出ていくその日まで、天意と一体になる生、すなわち果てしなく明るく純粋な霊魂を保っていきなさいという至上命令です。

皆様、心情革命の意味は何でしょうか。神様は人間を御自身の子女として創造したとお話ししました。そうだとすれば、神様と皆様をつなぐ綱はどのような綱でしょうか。父母と子女間の真《まこと》の愛であり、真の心情です。父子の間に真の心情が通じなければ、どうして父母と子女が真の愛と真の尊敬の父子関係を維持できるでしょうか。

数千年間、堕落圏の影響の中で生きてきた人類は、今も偽りの父母、偽りの愛、偽りの血統の心情的奴隷となっています。この束縛から抜け出すためには、サタンが最も嫌う、「許して、与えて、犠牲になる」真の愛の生活を絶えず継続しなければなりません。そうして、神様の心情的所有圏に帰着できなければなりません。

皆様の心情の綱が、いまだにサタン世界の虚栄を追い求める利己的個人主義に結ばれているならば、皆様の将来は暗く、暗澹《あんたん》たる絶望と嘆息の道となるでしょう。しかし、「ために生きる生活」、すなわち他のために先に譲歩し、与える生産的な生活を送れば、皆様の心情の綱は神様の心情と永遠に一つとなるのです。言い換えれば、偽りの父母との心情的因縁を完全に断ち切り、無形の神様の実体として顕現された真の父母様から祝福結婚を受けて接ぎ木され、真の天の愛と血統を確保しなさいという意味です。

尊敬する指導者の皆様。

今まで皆様は、平凡な生活を生きてこられました。しかし今から皆様は、天の密使の使命を果たさなければなりません。個人個人を見れば、大きい小さい、広い狭い、高い低いの差はあるかもしれませんが、今から皆様は、神様から特別に派遣された天の密使として堂々と天の善なる血統を固守し、祖国光復の呼び掛けの前に、天的権威をもって奮然と立ち上がる愛国者にならなければなりません。密使は、どのような使命を果たす人ですか。祖国光復への望みが現実の望みよりも千倍、万倍強いという心をもち、命を捧げても必ずそのみ旨を成し遂げるという悲壮な覚悟で行かなければ、密使の資格はないでしょう。食べて、寝て、行って、来るすべての生活が祖国光復のためのものでなければなりません。

聖書にも、「まず神の国と神の義を求めなさい」と言いました。皆様は、「たとえ私の体はサタン世界の圏内に属していたとしても、私は真なる血統を受け、祖国光復のために新たに生まれた天の密使だ！」という確信をもっていかなければなりません。神様は、突然子女を失った父母になり、激しく追われ冷遇される立場で、一度として御自身のみ旨を思う存分繰り広げることができなかった方です。皆様は、このような神様の悲しい心情を推し量ることができる孝子、孝女にならなければなりません。真理を知って、その真理を実践しなければ、どうして指導者だと言うことができるでしょうか。

世界の指導者の皆様。

皆様は、きょうこの場になぜ来られたのかをもう一度深く考えてみてください。主催者側の招待を受け、好奇心半分、真心半分でクリスマスパーティーでも楽しむためですか。自分の意思であれ、他人の意思であれ、皆様は今、天の召命を受けました。この場に立ったレバレンド・ムーンが、十六歳（数え年）の青年の身で突然天命を受け、神様を解放・釈放してさしあげ、人類をサタンの支配下から救い出すために、八十年にわたる血と汗と涙の生涯路程を歩んできたように、皆様も、今からは超宗教的で超国家的な次元で、人類の和合と平和を安着させる崇高なみ旨、すなわち祖国創建の聖業を完遂されなければなりません。絶対信仰、絶対愛、絶対服従を共通分母として、皆様とレバレンド・ムーンは一つです。皆様も真《まこと》の父母となり平和の王にならなければなりません。

今こそ、私たち全員の祖国、さらには天の祖国を建てることができる天運が、私たちと共にあります。その祖国には主権がなければならず、その祖国には国土が必要であり、その祖国には民が満ちあふれていなければなりません。その祖国には、善なる天の血統が強く雄々しく伸びていなければなりません。ほかのどこにも見いだすことができない摂理史の鼓動が脈打っていなければなりません。このような祖国を創建するのに、躊躇《ちゅうちょ》する皆様になるのですか。必ず生きて天の密使としての使命を完遂してください。永生を約束される先覚者の生活を営為してください。

皆様！

私は、最近「蒙古《もうこ》斑《はん》同族圏世界平和連合」を創建し、全世界に広がっている蒙古斑同族を糾合する運動を出発させました。決して、新しい民族主義運動を始めようということではありません。歴史的にアダム家庭での失敗を蕩減《とうげん》復帰した立場であるノア家庭の長子セムの後裔《こうえい》として、摂理の結実期を迎えて人類の長子となったという使命を呼び覚ます総体的平和運動です。堕落によってアダム家庭でアベルを失い、百三十年目にセツを再び捜し立てた神様の悲痛な心情を、慰労してさしあげることができる長子圏を立てるための運動です。一つの兄弟、一つの家族となり、お互いに心の壁を崩し、国家間の国境を除去し、共に暮らそうという共生共栄共義社会の実現運動です。神様の祖国創建を早める摂理的召命です。

このように、途方もない摂理的時を悟らせてくださり、天的王権を立てるための栄光の密使の使命まで賦与してくださった神様と真の父母様に、私たちは感謝と栄光をお返ししなければなりません。歴史上、空前絶後の後天開闢《かいびゃく》の時代を開いてくださり、真の解放・釈放圏を定着させてくださった真の父母様に、感謝と称賛と栄光を永遠に捧げる平和の王戴冠《たいかん》式を奉呈してさしあげなければなりません。今、あの東方の天に燦燦《さんらん》と昇ってくる太陽と共に、天運が全世界を照らしています。数千、数万年の間、覆われていた闇の幕がついに晴れていっています。皆様の胸の中には、既に天意を完成させようという天命が根を下ろしています。避けられない宿命の道です。勇気を出して立ち上がってください。「死のうとするものは生き、生きようとするものは死ぬ」と語られたイエス様の教えが何を意味するのか、はっきりと体験できる後天時代が私たちと共にあります。レバレンド・ムーンでも皆様でも、例外なく、いつかは霊界に入っていくようになります。生命を捧げて祖国光復の聖業を達成し、神様の創造理想である平和王国をこの地球星《ぼし》の上に必ず創建しなければならないという悲壮な覚悟をもたなければなりません。

きょう受けた天命を胸の中に深く刻印され、今からは、神様から相続された祖国の主人として、どうか後悔を残さない、美しく生きがいのある生活を送ることを誓ってくださるよう望みます。

これがきょう、私が皆様にお伝えする、新しい時代の神様のメッセージです。神様の祝福が皆様と皆様の家庭、そして皆様の密使的使命の上に永遠に共にあることを祈願します。

ありがとうございました。

本然の創造理想圏とカイン・アベル圏復帰完成完結

二〇〇五年二月十四日
天宙清平修錬苑

世界各地から来られた尊敬する内外の貴賓、そして紳士淑女の皆様！

歴史の大転換期である天一国《てんいちこく》五年の明るい太陽は、この時間にも、私たち人間はもちろん、森羅万象の生命と愛を花咲かせてくれています。すべてが神様の恩寵であり祝福です。

皆様、私は、過去八十年以上の生涯を神様のみ旨に仕え、人類救援の生で貫いてきました。一万回以上の大衆講演を行い、真理のみ言《ことば》の伝播《でんぱ》を私の生の目的として生きてきました。私たちが歴史を観察して理解するためには、横的に歴史的人物と事件を観察して分析する一般的な方法と、摂理的な視角から光を当てる縦的な方法があります。きょう皆様は、歴史上、空前絶後の「天宙統一戴冠式」に参席しました。歴史は、きょうを永遠に記憶することでしょう。この貴い日を記念する意味で、そして、二〇〇五年から二〇〇八年まで続く、天一国摂理の第二次四年路程を出発する恩賜圏内に生きている私たちが、この時代に必ず理解して実践躬行《きゅうこう》するべき天理を皆様にお伝えしようと思います。「本然の創造理想圏とカイン・アベル圏復帰完成完結」という題目です。

皆様、本来、人間始祖のアダムとエバが堕落せずに完成、完結し、神様と心情一体圏を成していたならば、彼らは、神様だけに相対して生きる絶対対象的子女の立場に立つようになっていました。しかし、彼らは、堕落を通してサタンと血縁関係が結ばれることによって、サタンにも相対しなければならない立場に転落してしまったのです。すなわち、堕落直後、いまだ原罪だけがあり、ほかのいかなる善行も悪行もしていなかったアダムとエバは、神様にも相対することができ、サタンにも相対することができる中間位置に立つようになったのです。

したがって、神様は、このような中間位置に立っているアダム家庭をサタンから分立される作業を、堕落したアダムの子女たちとその子孫たちを中心として展開されました。アダムの三人の息子のうち、長子のカインは、堕落した順序に従ってサタン側に立て、次子のアベルを天の側に立てて蕩減《とうげん》復帰を通じた救援摂理を進行されたのです。それは、サタンが血統的な因縁をもって堕落したアダムとエバに対していたので、このように分立させて、彼らが自ら蕩減条件を立てるようにしなければ、天の側に復帰させることができなかったからです。またサタンも、本来、人間の創造主は神様でいらっしゃることを知っていたので、堕落人間自身に再びサタンが侵犯できる何らかの条件が成立しない限り、彼らを勝手に扱うことはできない立場でした。

このように、神様とサタンの間には、真《まこと》の愛の血統復帰をかけて見えない条件的闘争が起き、それが正にアダム家庭からカイン・アベルを中心として歴史を通して実体的に展開されたのです。しかし、聖書を見れば、不幸にも、長子カインが次子アベルに自然屈服する代わりに、彼を殺害するという結果に終わってしまいました。御自身が天理原則として立てた本然の真の愛の心情を中心として創造された子女たちを、サタンに奪われてしまった神様の心情が、どれほど悲痛で恨《ハン》がしみ渡っていたかを、皆様は想像もすることができないでしょう。それは、子々孫々、永遠に伝授されるべき天の血統が崩れていった瞬間でした。

神様は、アダムとエバを御自身の子女として創造され、彼らが完成すれば、真の愛の道理を立てるための祝福結婚をしてあげ、御自身だけが対し愛することができる家庭を待ち焦がれていらっしゃったのです。しかし、二代のアダムとエバはもちろん、三代の孫と孫娘を真の愛で抱いてみることができなかったことが、歴史的な神様の恨として残されてきたのです。アダム家庭が神様を中心として三代圏を完成していたならば、人間の堕落は全くあり得なかったのであり、数千、数万年間、人類歴史を踏みにじって籠絡《ろうらく》してきたサタンの存在さえも現れることができなかったでしょう。人類は、神様を中心として、三代を成して暮らす一つの家庭の姿になっていたのです。しかし、創造原則に基づいて、天が責任分担として下さった条件的で限定的な責任を、結局アダム家庭において、二代から三代にわたって失敗してしまったのです。人類歴史の悲劇の始原が、正にここにありました。

だからといって、神様は、御自身の創造自体を放棄することはできませんでした。原理と原則と法度の主人でいらっしゃる神様は、何としてでもサタンが拉致《らち》していった子女たちを再び取り戻してくるために、蕩減復帰摂理歴史を展開してこられたのです。アダム家庭で失ってしまった三代圏をそのまま放棄すれば、創造原理を放棄してしまう立場に立つので、神様は、カインがアベルを殺害したのちに百三十年お待ちになり、再びアダムの三番目の息子のセツを中心人物として立てられたのです。したがって、セツは、長子権を取り戻さなければならなかったアベルの責任はもちろん、その血筋までも復帰して立てなければなりませんでした。このように天は、セツの血統に沿ってその子孫たちをしてふさわしい蕩減条件を立てるようにされながら、サタン分立の復帰摂理を展開してこられたのです。

このように、最初から神様の創造理想を踏みにじり、人類の真の父母であり、真の師であり、真《まこと》の主人として絶対的権限をもって天宙を統治するべき神様を、歴史の裏道へと追いやってしまったアダム家庭において展開したカイン・アベルを中心とする善悪分立の役事は、摂理的に人類歴史にどのような影響を及ぼし、今日、天一国《てんいちこく》五年を出発している私たちにはどのような意味をもっているのかを、皆様ははっきりと知らなければなりません。

神様は、真の愛の主人としてすべての創造物の表題である絶対信仰、絶対愛、絶対服従の基準の上で、人間を御自身の子女として創造されました。絶対肯定の立場で絶対投入をされたのが神様の創造歴史だというのです。対象である人間が主体である天の前に絶対信仰、絶対愛、絶対服従を捧げなければならないという論理が、正にここから創出されるのです。悪の側を代表するカインと善の側を代表するアベルの関係も同様です。対象の立場であるカインは、絶対的基準でアベルを通して天の前に出ていかなければならないというのが天理です。アベルを、父であり、主人であり、師として侍らなければならないのです。

一方、アベルの立場は、神様のように絶対信仰、絶対愛、絶対服従を通して、カインを子女のように抱き、愛し、人格的に信じて尊敬される位置で、カインをして自然屈服させるようにしなければなりません。摂理歴史の中に現れた数多くのカイン・アベルの関係において、このような天理の法度を守ることができないときには、葛藤《かっとう》と戦争の中で血を流す歴史が継続したのであり、そのたびに摂理は延長せざるを得ないという受難を経てきたのです。数千年の人類歴史は、それを見せてくれる生きた証《あかし》です。

摂理史に現れた事件を一つ一つすべて列挙することはできませんが、アダム家庭においてセツを立て、血統復帰を通して長子権復帰を完成しようとした摂理は、再び千六百年という長い年月を経てノアを中心人物として立て、彼の家庭を通してアダム家庭の失敗を蕩滅《とうげん》復帰しようとする摂理が展開したのです。しかし、アベルの立場に立っていた二番目の息子ハムの失敗によって、ノア家庭を中心とする蕩滅復帰摂理も、やはり失敗に終わっていました。

その後、天は再び四百年を待ち、サタン世界の象徴である偶像商テラの長子アブラハムを呼び立て、長子権復帰と血統復帰の条件的役事を展開されました。アダム家庭、ノア家庭、アブラハム家庭の横的な三代圏を、再び縦的にアブラハム、イサク、ヤコブ、このように三代にわたって展開した復帰摂理歴史が、ジプシーのような荒野路程においてサタン分立圏を勝利したヤコブによって、ついに長子権復帰と血統復帰の条件が立てられました。その勝利的基盤の上に、ヤコブは天使との闘いに勝利し、「イスラエル」という天の祝福まで受けるようになったのです。エサウとヤコブの関係はカインとアベルの立場だったのであり、ヤコブの絶対信仰、絶対愛、絶対服従の原則的道理と母子協助の勝利的条件を通して、ついに父イサクはもちろん、兄のエサウを自然屈服させ、長子権を奪還したのです。

イエス様を中心として展開された復帰摂理歴史を見ても、この点は明確です。ヤコブ家庭において、ヤコブの天の側の妻ラケルの実子であるヨセフが先にエジプトに入っていって蕩滅路程を勝利し、カイン的立場に立っていた彼の十一人の兄弟を自然屈服させ、アベルの勝利的位置を確保しました。その時、もしエジプトの総理大臣だったヨセフが、ヤコブの家族と共にエサウの家族まですべてエジプトに移住させていたならば、イスラエル民族は、モーセに従って歩んでいかなければならなかった四十年の荒野路程はもちろん、歴史的なカイン・アベルの闘争にも終止符を打つことができたのです。

ヤコブ家庭の勝利的基盤の血統を受け継いで、ついにイエス様が顕現されました。アダムとエバの失敗後、四千年を準備して探し立てた北朝十支派と南朝二支派の統一圏であるイスラエルとユダヤ教が、再び内外としてカインとアベルの関係でした。実体のメシヤを迎えるための環境創造の一環として、政治圏を代表するカイン的立場にイスラエルを立てられたのであり、宗教圏を代表するアベル的立場にユダヤ教を立てられたのです。

洗礼ヨハネとイエス様の関係もまたカイン・アベルの関係でした。四千年復帰摂理の道しるべとして下さった旧約の教えを明確に悟ってさえいれば、イスラエルとユダヤ教は内的外的に一つになり、洗礼ヨハネを先頭に立ててイエス様を王の王、真《まこと》の父母としてお迎えし、神様の創造理想である地上天国をイエス様の時代に創建していたでしょう。

さらには、洗礼ヨハネがカインの立場を明確に理解して、カインとしての責任をすべて果たしていれば、イエス様がどうして十字架の露と消えることがあったでしょうか。天が直接啓示を与え、幻で見せてあげ、イエス様が自分の主人であり、アベルであることを悟らせてくださったにもかかわらず、洗礼ヨハネは、とうとう絶対信仰、絶対愛、絶対服従の峠を越えることができませんでした。

神様から祝福結婚を受けて真の家庭を成し、永遠に天の真の血統、すなわち純潔、純血、純愛、純和の血統を伝授する真の人類の先祖が、後《のち》のアダムとして来られたイエス様の家庭を中心として出発していなければならなかったのです。

しかし、ここでも神様は再び悲痛で惨憺《さんたん》たる立場に落ちてしまいました。それは、失ってしまったアダムの位置に、御自身のひとり子であるイエス様を後のアダムの判を押して送られ、彼を通して四千年復帰摂理歴史を完結しようとされた神様のみ旨が、再び挫折《ざせつ》する瞬間だったのです。歴史の中心軸として立てたその中心が、再び根こそぎ抜かれていったのです。

この時点において、天の復帰摂理は、加速度がつき始めました。だからといって、御自身が創造原則として立てられた原理原則の軌道を外れた変則摂理を運行することはできません。したがって、人類の永遠のアベルとなっているべきイエス様を失った神様は、再び二千年という長い歴史路程を経てこられながら、これ以上失敗があり得ない環境と与件を準備され、その基盤の上に、ついに再臨主の判を押してレバレンド・ムーンを送られたのです。

かといって、私の生涯は決して平坦なコースではありませんでした。全知全能であられる神様の心情まで蹂躙《じゅうりん》するほどに、凶悪で悪賢いサタンです。過去八十年以上の私の生涯は、文字どおり波瀾万丈《はらんばんじょう》な生の連続でした。アダム家庭から始まったカイン・アベルの葛藤《かっとう》と闘争が世界的次元の共産と民主の闘争へと飛び火した二十世紀の転換期を、私は、摂理的に必要なすべての段階の蕩《とう》滅《げん》条件を立てて勝利しました。その基盤の上で、ついにアベル支配圏の真の愛の時代である天一国《てんいちこく》時代が宣布されたのであり、去る二〇〇一年には、神様の王権を即位させてさしあげました。その勝利的基盤の上に、二〇〇三年には、エルサレムで第一イスラエル圏を代表する平和の王としてイエス様を即位させてさしあげました。そして、二〇〇四年に入ると、人類の真《まこと》の父母の資格で、私が第二イスラエル格であるアメリカと、第三イスラエル格である韓国で、そして、世界的次元の超宗教、超国家の平和の王として登極する戴冠《たいかん》式と即位式をもちました。

このような一連の摂理的な勝利基盤の上に、六十億の人類は、今二〇〇五年から天一国《てんいちこく》創建の長成級である第二段階に差し掛かり、入籍摂理を完結するための血統転換、所有権転換、そして心情圏相続の三大目標完成のために総進軍命令を受けました。主人が剣を首に当てるその瞬間までもおとなしく従う羊のように、私たちは、絶対服従を通して私たちの永遠のアベルであり、実体の平和の王であられる真の父母様の前に命を捧げ、全体カイン圏を代表する責任と道理を果たさなければなりません。

皆様は、摂理歴史上、今日皆様が立っている位置が果たしてどのような位置なのか、とても気になっていらっしゃるでしょう。人間的な目では見ることができない大転換期の一時です。特に、二〇〇〇年代に入り、天の摂理は、とてつもない速度で完結摂理に向かって突き進んでいます。これまで、多くの組織と団体が摂理を促進させる機関として創設されました。その中でも、私が近来に創設した「世界平和超宗教超国家連合」と「平和国連」は、サタン圏を包容してアベル的立場に立ち、カイン格である「蒙古斑《もうこはん》同族世界平和連合」とサタン圏を解放させて統一世界を成し、人類歴史にこれ以上カイン・アベル間の葛藤《かっとう》と闘争が点在することがないように、責任を果たさなければならない位置に立っています。世界宗教圏を代表するアメリカはアベルの立場に立ち、カイン的な国連を愛して一つになり、人類救援の責任を果たす国家にならなければなりません。

皆様、私たちの究極的なアベルは真の父母であられます。アベルの位置は、天が定めてくださる位置であり、したがって死んでも離れることができない宿命の位置です。自分は死ぬとしても、真の愛の種を植えていかなければならない位置です。天の前に絶対信仰、絶対愛、絶対服従の道を行かなければならない位置です。なぜならば、その道が、逆にカインを自然屈服させる道になっているからです。

無形の神様の実体として顕現された真の父母様を縦的な軸、すなわち永遠のアベルとして侍って暮らす生が、私たち人間が歩むべき宿命的路程です。真の父母は、人類の救世主であり、メシヤであり、再臨主であり、地上・天上天国の平和の王であられます。したがって、神様が太初から創造理想として願ってこられた理想天国は、すなわち私たちが願う真の父母を中心とする地上・天上天国であり、平和の中心的王国であり、天一国五年とともに人類に開いてくださった後天世界の完成です。数千、数万年間、人類を様々な理由と名分をつけて分けていたすべての垣根と国境線を撤廃し、超宗教超国家次元で全人類を一つの家族として結び、真の父母様を真の師、真の王として侍って暮らす解放と釈放の世界なのです。

このような途方もない天の祝福圏内に暮らす皆様は、今から何よりも自身の生活を徹底して整備し、準備しなければなりません。まず、個々人を中心として、心と体の絶対的一致圏を探し立て、曇りなく、明るくきれいに輝く個性真理体を完成しなければなりません。これ以上蕩減《とうげん》が必要ない生活、すなわち蕩減革命を完遂しなければなりません。永遠にわたって、良心の前に一点の恥ずかしさもない生活、すなわち良心革命を勝利しなければなりません。「ために生きる」真《まこと》の愛の生活を実践躬行《きゅうこう》し、真の父母様と万人類の前に心情的な負債を負わずに暮らす生活、すなわち心情革命を完成しなければなりません。

その次には、皆様の家庭で天国を築いて暮らさなければなりません。家庭は愛の王宮です。その家庭において、皆様は四大心情圏と三代王権を完成しなければならないのです。孝子、忠臣、聖人、聖子《せいし》の家庭も、その家庭が基礎となって輩出されるのです。神様の心情を体恤《たいじゅつ》できる最高の場が、正に皆様の家庭です。夫婦間の幸福と未来を約束してくれる所も、やはり家庭です。皆様の先祖が再臨し、皆様を天の道へと導いてくれる所も、また家庭です。家庭は真の愛の花です。その花に実を結ばせてくれる所も家庭です。

皆様、今からの皆様の生活は、単純な生活ではありません。いつ、どこで、何をしても、皆様には数百、数千の先祖たちが共にあるのです。地上で真の父母に侍ってみることができなかったことが恨《ハン》となっている彼らは、地上の子孫たちを兄弟の立場でアベルとして侍り、協助し、皆様を通して実体的に真の父母に侍る生活を、今後四年間するようになります。このような条件を通して、彼らも皆様と共に天国に入城しようとするのです。

したがって、六十億の人類はだませても、皆様の先祖たちはだますことができません。善悪の基準をおいて、皆様の生活は徹底して分析され、賞罰が決定されるでしょう。炎のような瞳《ひとみ》で皆様の一挙手一投足を見守るのです。ですから、皆様と喜怒哀楽を共にする皆様の善の先祖たちを、これ以上悲しませないでください。

今年から四年間は、皆様の善の先祖たちはもちろん、四大聖人、そして霊界のすべての善霊たちが総動員再臨完成し、地上天国、すなわち天一国《てんいちこく》の完成のために総力を注ぐようになる深刻な時です。

私たちの生活の中で、上下、前後、左右で、神様を中心として創造前からの表題だった絶対信仰、絶対愛、絶対服従的なカインとアベルの責任を果たして一つになり、包容と許しと愛の道理を果たせば、後天時代は、文字どおり真の父母様をお迎えした太平聖代の平和王国となるでしょう。

私たちはみな、今からこの貴い天のメッセージの種蒔《ま》きをするために出発しなければなりません。真の生命と真の愛の種を蒔きに出発する新しい創造主と、その家庭の代身者としての道を出発しなければなりません。世の中の虚栄と不道徳に便乗し、風の吹く虚空に種を蒔く愚かな者たちにならず、最も謙遜《けんそん》で低い所を訪ね、つまり、堆肥《たいひ》が埋まって良く肥えた地の奥深い所に種を埋めるために出発しなければならないのです。人種の壁を崩し、国境を撤廃し、超宗教超国家的次元の交叉《こうさ》結婚の実を収穫し、神様の真の血統を永遠に保存させる大役事を起こしましょう。蒙古斑《もうこはん》同族圏は、交叉祝福結婚摂理を通して、永遠な神様の真の愛の蒙古斑血統圏を中心とする血族に昇華させなければなりません。

ソドムの城を離れたロトの妻は、天の命令を無視して後ろを振り返った瞬間、塩の柱になってしまいました。皆様は、きょう天命を受けました。天命は、昔も今も祝福と審判をもつもろ刃の剣です。選択は皆様のものです。明確なことは、きょう私が皆様全員にこの途方もない天の秘密を明らかにしてあげたということであり、皆様が受けた天命は、二度と後戻りできない弓から放たれた矢だという点です。これ以上、折衷や妥協はありません。ただ、摂理の完成完結だけが決勝点で待っているのです。

太初にアダム家庭において失ってしまった神様の家族三代を、私たちの手で取り戻しましょう。これ以上カイン・アベルの闘争がなく、真《まこと》の愛で満ちた新天新地の世界、私たち全員が一つの家族を成して暮らす平和王国を、私たちの時代にこの地上に完成し、真の父母様に侍って暮らす永遠の平和王国の生活を誓いましょう。

ありがとうございました。

祝賀バンケットでのみ言

二〇〇五年二月十四日　午後五時
天宙清平修錬苑

世界百八十以上の国々から来られた尊敬する指導者、そして内外の貴賓と紳士淑女の皆様！きょう私たち夫婦の誕生日と平和の王戴冠《たいかん》式を祝賀してくださった皆様に、感謝のあいさつを申し上げます。

この記念行事が、一個人のための一過性の行事だとすれば、貴いものではありません。神様の創造理想と人類救援摂理のための代表的な公的行事であるがゆえに、その意味が深いのです。神様と霊界と世界と全人類を背負って歩まなければならない救世主、メシヤ、真《まこと》の父母の道は、最も近い血のつながった家族、親族から犠牲にしなければならない茨《いばら》の道です。この荷物は、兄弟や子女、最も愛する妻に、代わりに背負わせることもできず、きょうのことをあすに延ばして済ませることもできません。メシヤは、霊界が公認し、神様が判を押されなければ、なることができないのです。

真の愛の本体であられる神様がこの宇宙と人間を創造した動機と目的は、相対を通じた真の愛の完成です。真の愛は独りではなすことができません。人間は、神様の真の愛のパートナーとして造られました。無形の真の父母であられる神様の前に、実体対象である息子、娘として造られたのが人間であるがゆえに、最も貴い傑作品なのです。神様は、アダムとエバとその家庭を通して真の愛の理想を完成し、子孫を繁殖することで天上天下《てんげ》に平和統一の王国を実現しようとされました。

神様の純潔、純血、純愛の真《まこと》の愛、真の生命、真の血統は、アダムとエバを起点として横的に広がり、子孫たちを通じて家庭、国家、世界、天宙に展開されるようになっていました。そのようになれば、アダムとエバは、自然に真の父母、真の師、真の主人、真の王の位相をもつようになり、その世界は、真の血統を中心とする天宙平和統一の王国になるのです。

私は、二〇〇一年に神様王権即位式を神様に奉献し、二〇〇四年には、「神の祖国と平和王国時代」とともに「後天時代」を宣布しました。先天時代は、対立、闘争、相克、不和の時代でしたが、後天時代は、調和、協力、相応、和解、平和、統一の時代です。

先天時代には、葛藤《かっとう》を助長し、分裂を起こして支配しましたが、後天時代には、このようなことは許されません。和解と調和、平和、統一を志向する個人、集団、社会、国家が中心となって主導していく環境圏になるのです。

霊性や霊界、そしてその主人であられる神様を正しく知ることができなければ、人生の問題は解決されません。私たちはこの世に生きていますが、この世だけがあるのではなく霊界があるのです。この世と霊界は、二つの世界ではなく、真の愛を中心とする一つの世界として連結されなければなりません。

私たちは、肉身生活をしながらこの地にいますが、永遠の世界に向かって進んでいます。人生は、永遠の世界に入るために準備する貴い教育期間です。私たちの人生は、神様の愛のもとに生まれ、愛によって生き、息子、娘を生み、愛の本郷世界である霊界に入ることが目的です。神様と永遠に共に生きるために、神様の所に帰っていくのです。

永遠の自由、平等、平和、幸福の世界を成す根本原理とは何でしょうか。その世界は、真の愛の絶対価値圏において完成し、相対格として生きる個人と家庭がなければ、絶対につくることができません。それは、真の愛と平和の根本であられる神様を正しく知ることから解決の門が開かれるのです。

真の愛は、投入すればするほど大きくなります。真の愛は、投入して忘れ、また投入するのですが、あとからもっと大きくなって帰ってきます。自然現象は、与えれば与えるほど小さくなりますが、真の愛の世界は、与えれば与えるほど大きくなるのです。これが神様の創造原理であり、創造された人間と万物の存在原理であり、発展成長完成の天理です。

愛には、創造の能力があるので、疲れることがありません。愛の心をもてば、どんなに投入しても、消耗したそれ以上のエネルギーをいつでも補充することができるので、疲れることがないのです。

私の生涯は、迫害を受け、悔しい思いをし、無知な世の中から無数に反対を受けましたが、疲れるということはありませんでした。真の愛で与える生涯だったからです。それが統一運動発展の原動力だったのです。

愛で「ために生きる」道には、憎む心を永遠にもつことができません。神様の本質には怨讐《おんしゅう》の概念がありません。到来する後天時代の平和王国世界は、葛藤と境界のない調和と幸福の世界であるという理由がここにあります。

後天時代を迎える人類は、第一に、到来する新天新地の平和王国に入籍できる真《まこと》の愛の人格をつくらなければなりません。そのためには、三大革命、すなわち蕩減《とうげん》革命、良心革命、心情革命を通じて真の父母、真の師、真の主人として生まれ変わらなければなりません。

尊敬する指導者の皆様。

私と同じ志をもって因縁を結んだ皆様は、先覚者として世の中に指導力を発揮する時になりました。真の自由、平等、平和、理想の実現のために、三大革命を先導し、神様のもと、境界のない一つの理想世界のために、真の愛を実践する天一国《てんいちこく》の主人となる平和大使の使命を果たしてくださるようお願いいたします。

本国にお戻りになれば、政府と議会などの高位、高官を指導、説得し、平和国連の会員国に加入させることによって世界平和を先導する貴い国へと導いてくださると信じております。

そのために必要であれば、政府レベルの招請を受けて私が訪問し、祝福結婚行事を挙国的な次元で指導しながら皆様の国を祝福しようと思っております。

そして、けさの行事で私が伝えたメッセージをより深く理解してくださるよう願いながら、私のあいさつを終えようと思います。

皆様と皆様の家庭、そして全地球星《ぼし》に神様の祝福がありますようお祈りいたします。

ありがとうございました。

推戴の辞

「平和の王」推戴《すいたい》の言葉（抄訳）

スタニスラフ・シュシケビッチ・ベラルーシ最高会議元議長（二〇〇四年八月二十日）

私が最高会議議長を務めていた一九九二年八月、ソウルで開かれた第二回「世界文化体育大典」（WCSF）に参加して、文鮮明《ムンソンミョン》総裁夫妻の提唱される、偉大な規模の素晴らしい活動に目を見開かされました。

一九九三年十一月に世界巡回講演中の韓鶴子《ハンハクチャ》総裁をベラルーシに迎え、ミンスクの国立オペラバレエ劇場で講演会を開きました。その後、世界各地で開かれる文総裁夫妻の各種の集会や大会に参加してきましたが、多様な宗教や文化、国籍をもつ人々を、平和と和解の精神のもとで一つにする能力に感銘を受けました。

文総裁夫妻の他の業績として、旧ソ連に与えた肯定的な影響を挙げることができます。数多くのソ連の若者が文総裁の統一運動に感化を受けて、新しい希望とビジョンをもつようになりました。

また、平和大使の活動などを通して、多くの指導者たちに、「ために生きる」教えで新しいビジョンを与え感動させています。

今日、この特別で歴史的な日に、私たちが「真《まこと》の心情革命と真の解放・釈放入籍祝福式」の旗のもと、平和世界実現のため生涯を捧げてこられた文《ムン》総裁夫妻に敬意を表するのは名誉なことです。

文総裁夫妻、あなた方は歴史上、空前絶後の平和のチャンピオンです。それゆえ、私たちはお二人を真の愛と平和の王と女王に推戴《すいたい》いたします。

李哲承《イチョルスン》・ソウル平和賞文化財団理事長（二〇〇四年八月二十日）

私はきょう、真に込み上げる感情を抑えながらこの壇上に上りました。国会議事堂に数えきれないぐらい出入りしながら、北朝鮮同胞を解放し、平和的な自由統一のために、議会の壇上と街頭で東奔西走してきた過去数十年間の私の生涯の歴程が、走馬灯のように過ぎ去っています。

今日の不安と葛藤《かっとう》が渦巻く中で、自分が今まで何をしてきたのか自問自答せざるを得ません。

我が国は、まだ分断の桎梏《しっこく》を抜け出せず、私があれほど心血を注いで守ってきた自由民主統一の国は、依然としてはるかに遠いものです。にもかかわらず、盧武鉉《ノムヒョン》政権はむしろ今日、誇らしい大韓民国のアイデンティティーを崩壊させ、若者たちが反米、親北、容共の道に迷い込むのを放置していることを見るとき、この国は果たしてどこに行くのか、うつろな心をなだめる道はなく、心配する心をほぐす道が見えないのです。

このような絶望的な社会の中、一筋の希望の光として登場された文鮮明《ムンソンミョン》先生の一生は、その歩んでこられた生涯路程があまりにも驚異的で神秘的、高次元的な歩みであったことを感じます。

先生の一生は、国権を喪失した日本統治下から、八・一五解放、六・二五（韓国）動乱、分断時代の二十世紀を経ながら、世界化の長征を成功裏に成し遂げ、八十五歳の高齢にあっても二十一世紀以降の平和世界のためのビジョンを提示し、その実践を督励されています。

先生の教えは、既に超人種・超宗教・超国家的に絶大な感化力を発揮していることは、私たちすべてが知っている事実です。

特に、韓半島に住んでいる私たち韓民族は、二十世紀を日本の侵略、八・一五解放と分断の混乱、韓国動乱、冷戦時代の理念闘争などによって最も多くの犠牲を払いながら、平和に対する渇望が世界のどの民族より切実です。

ほかならぬこの地に、文鮮明先生が私たちと共にいらっしゃることは、天の配慮であると明言できます。文鮮明先生は生涯六回の投獄と数十年間にわたる苦難と犠牲の道を克服され、今日、私たちの前に勝利者の姿で現れていらっしゃいます。

真の家庭を通した世界平和実現運動として知られる先生の教えは、全人類が国籍と宗教と民族を超越して一つになれる希望を与えています。中東のイスラエルとパレスチナの葛藤と闘争を和解に解きほぐす運動や、韓半島の南北を真理と真の愛を通して平和の道に導く多くの活動など、文鮮明先生の崇高な理想と実践は、世界のいかなる人間の追随も許さないと断言できます。

私は、人類平和のために最も大きな犠牲を惜しまずに働かれる文鮮明《ムンソンミョン》先生に、大きな慰労と感謝の言葉を捧げながら、人類の平和の王冠をお捧げすることを提案いたします。

文鮮明先生が強調される超宗教・超国家・超人種的な世界平和運動は、人類の平和を構築する唯一かつ実現可能な運動だと思わざるを得ません。私たちすべては力を合わせ、世界平和が定着するその日まで、文鮮明先生の大きなみ旨に参加して積極的に平和運動を行っていきましょう。

グラウバック博士・イスラエル（二〇〇四年十二月十三日）

お父様、お母様、御家族の皆様、兄弟姉妹の皆様。

私にとりまして、今夜は、他のいかなる夜とも異なります。全く違います。私は自分が今、真《まこと》の父母様がつくられた基盤の上に、神の摂理のためにこのステージの上にいるのだと心の底から感じています。そうでなければ、私はこのような深い気持ちになることもなく、ここにいなかったことでしょう。そして私は今、皆様に自分の子供や孫がいるエルサレムから来たユダヤ人としてお話ししています。

今晩ここにいるのは私にとって特別なことです。なぜなら、真の父母様の業績はユニークなものだからです。私は、政治学と歴史学の学者として皆様にお話ししています。霊的な言い方をするならば、私たちはレバレンド・ムーンのビジョンと使命のゆえに、今行われていることを目にしているのです。

皆さん、想像できますか。このエルサレムには一なる神を信じる多くの信者たちの数多くの歴史的な遺跡があるにもかかわらず、対立のために、今は観光客が誰も来ません。エルサレムはユダヤ教、キリスト教、イスラーム（＝イスラム教）の信者たちの聖地であり、ここにある建造物にはダビデ、ヨセフ、その他、聖書に出てくる多くの有名な人物たちの名がつけられていますが、現在、観光客は誰もないのです。

見捨てられたようなこの地で、窓から外をのぞいて見たとき、人々は街頭に何を見たでしょうか。多くの人が、世界中から、五大陸から突然来て、街頭を歩いているではありませんか。あれは何だろう。最初は、それが何のためか分かりませんでした。歴史家や学者は、「歴史は常に繰り返してきた」と言います。しかし、今回の場合は、このように、世界中の百五十カ国から多くの人々がこの聖なる地に来て、暴力によってではなく、精神的にこの場所を征服したのです。

私は心の中で、「レバレンド・ムーンは正に今の時代の預言者だ」と思いました。その理由をお話ししましょう。私はユダヤ教徒であり、皆様はキリスト教徒やムスリム（＝イスラム教徒）、その他の信仰をおもちだと思いますが、預言者や預言について書かれた多くの書物を御存じだと思います。

レバレンド・ムーンはそのような書を四百冊以上も著しただけでなく、それらの預言を実際に実行していらっしゃいます。私たちは今、世界中から多くの人々がエルサレムへ来たのを目撃しています。何のために来ているのでしょうか。平和を促進するためです。なぜなら、もし聖なる地で平和が実現するならば、世界中で平和が実現するであろうと、レバレンド・ムーンが信じているということを聞いたからです。

今この瞬間に私は、すべての人類のことや、エルサレムにいる私の子供や孫たちのことを考えています。まずこの地において平和が実現し、さらには全世界において実現するだろうと思います。私は何と幸運な人間であることでしょうか。私たちすべては、イスラエルとパレスチナのこと、さらには対立している他の地域のことを忘れるべきではありません。それが大事です。精神的な鍵《かぎ》です。政治的なイニシアチブをもって、共に一緒に運動を行うことが平和を実現するための鍵なのです。

これまで国連や多くの国がバルカン、カシミール、ベルファースト、ルワンダ、中東など世界中で平和を実現しようと試みてきましたが、政治的な努力だけではどこもうまくいきませんでした。中東では戦争と平和を繰り返しているだけだということを悟りました。そのような中で、梁《ヤン》博士やジェンキンス会長を中心とする私たちの運動は、ユダヤの門戸、パレスチナの門戸、ガザの門戸などすべての門戸に手を伸ばし、巡礼の参加者たちは毎日、イスラエル、エルサレム、ガザ、ラマラなどのあらゆるコミュニテイ（地域社会）に対して手を伸ばしてくださいました。参加者たちがチームとなって戸別訪問をしてくださったことが、政治家に対して精神的な影響を与えました。皆様がこの運動を指導するならば、シリアやヨルダンやエジプトなどとの話し合いも真剣に行われるようになり、間もなく平和がやって来るでしょう。状況は変化しつつあります。この運動の創設者が率先して始められた活動のおかげです。

それゆえ、私は真《まこと》のユダヤ人として、また、真の信仰者として、皆さんに申し上げたいと思います。すなわち、私は単にユダヤ教徒であるだけでなく、もう既にムスリムであり、キリスト教徒であり、儒教徒であり、ヒンズー教徒であり、仏教徒であり、その他のすべてです。なぜなら私は統一教徒になったからです。ありがとうございました。

ジョージ・アウグストゥス・スターリングス大主教・アメリカ（二〇〇四年十二月十三日）

私、ジョージ・アウグストゥス・スターリングス二世は、第二イスラエルを代表するキリスト教の牧師として、美しく素晴らしい妻の小夜美《さよみ》と二人のハンサムな息子と共に、文鮮明《ムンソンミョン》師とその愛する夫人であられる韓鶴子《ハンハクチャ》博士を平和の王冠賞の受賞者に推戴《すいたい》いたします。

ファーザー・ムーン（父なる文師）はイエス・キリストの心と心情の究極的なパラダイム（枠組み）の精髄を顕現したお方です。文師の心と心情はイエス・キリストの心と心情とお互いに完全に反映し合うほどに、つながっています。

彼は生涯を通して、真にこの時代の救い主としての立場にある人であることを示しました。父なる文師はその働きの実りを通して、天地を復帰するすべての責任を自らの上に完全に担った方であることを示しました。

我々は歴史上、イエスの使命を実行しようとした数多くの人々の例を見てきました。東洋のみならず西洋からも現れました。それらの人々は必ずしもイエスの名をもってしたとか、イエスのゆえになした人々ではないかもしれませんが、キリスト教徒としての我々は、しばしば彼らの貢献をイエスの名によって評価してきました。

非暴力の哲学を信奉したマハトマ・ガンジーは非暴力的な方法で抗議することによってこの世界を平和の中心にしようとしました。しかし、父なる文師《ムン》は自分の敵に対して、「敵を愛せ。迫害するもののために善をなせ」という点において、マハトマ・ガンジーよりもさらに一歩先を歩まれた方であることを見てきました。何度も投獄されたにもかかわらず、それでも敵を許す道を見いだされました。自分を打つ者に対して決して打ち返すことはせず、むしろ敵のためにさえ、「ために生きる」ことを実践されてきました。マザー・テレサは他の人の富を貧しい人々に与えましたが、父なる文師は自分の所有を世界に与えました。公民権運動時代の指導者であったマーティン・ルーサー・キング牧師は人種や宗教が調和し一つになった愛の社会を実現しようとしました。それが彼の夢でした。父なる文師の中に我々が見たものは、キング博士の夢を実現した人の姿です。

師は、かつて敵国人同士の人々にお互いに結婚するように薦めました。白人と黒人、黒人と日本人、韓国人と日本人、アジア人とアメリカ人との間に橋を架け、互いに結婚するようにし、すべての人種がお互いに兄弟姉妹として抱き合うことのできる一つの人種を現実に地上に創造しました。

それゆえに、天地が霊界と一つとなって、彼こそこの時代に、そして今こそ天地の真《まこと》の統一をもたらすメシヤ、救世主、再臨主、王の王であると宣言すべきでないとする理由が見いだせません。

この方こそ私が指名する人です。それゆえに、私は父なる文師とその夫人を愛するのです。そして、この公の場で、この二人こそ天宙の平和の王であると宣言する次第です。

金玟河《キムミナ》博士・韓国（二〇〇四年十二月十三日　アメリカ・ワシントンD・C）

神様と人類の切実な願いである永久的な世界平和実現のために、八十五年間の全生涯を捧げてこられた文鮮明《ムンソンミョン》総裁御夫妻に、まず心からの尊敬と感謝のあいさつをお捧げいたします。

総裁御夫妻は、平和実現の根本は、神様を中心とする理想家庭にあることを明確なみ言《ことば》で明らかにされ、「ために生きる」真の愛の実践によって冷戦体制を終息させるにおいて大きな役割を果たされ、また「ために生きる」真の愛の実践によって、二十一世紀平和世界実現のために、国連更新運動を含め、人種と宗教間の障壁を越え、人類全体が和解と一致を成す平和運動に全身全霊を注いでこられました。

真の愛を通じた世界平和実現運動に集約される総裁の教えと偉大な業績は、人類が国籍と宗教と人種と文化を超越して一つになることができるという希望を見せてくれています。

中東のイスラエルとパレスチナの葛藤《かっとう》と闘争を和解に導かれること、韓半島の南と北を真理と真の愛を通して平和の道へと導いていく活動、そして東西と南北の葛藤を克服し調和させる文鮮明総裁の崇高な理想と実践は、世界の誰にも追従できないものであることをあえてここに申し上げるものです。

私は、人類平和のために献身し、犠牲を惜しまない真《まこと》の愛の実践である利他的な人生を生きてこられた文鮮明《ムンソンミョン》総裁御夫妻に厚い慰労と感謝の言葉を捧げながら、人類の真の愛の平和王冠を奉呈することを皆様に提案する次第です。

同意されるのであれば、大きな拍手で歓迎してくださるようお願いします。ありがとうございます。

大会に同参されるために世界各国から来られた指導者の皆様を含めた全人類が一つとなり、世界平和が定着するその日まで、文鮮明総裁御夫妻の「ために生きる」生涯を手本として、その大きなみ旨に同参し、積極的に平和運動を展開していきましょう。ありがとうございました。Thank you, and God bless you.

ホセ・デベネシア・フィリピン下院議長（二〇〇五年二月十四日）

尊敬する現・前職国家元首、ならびに各国指導者の皆様、宗教指導者、ＮＧＯ指導者の皆様。文鮮明師のなしている仕事は、あらゆる人種、民族、宗教、文化の人々を一つにまとめることによって、世界平和を実現し、人類一家族世界を実現することを目的としたものです。

文師は、日本、北朝鮮、韓国、アメリカにおいて合計六回も投獄を経験されましたが、常に天のみ心を追求してこられ、世界各国に平和を築くために働いてこられました。これは、文師の最も偉大な遺産です。

文師は、「敵を愛し、ために生きる」というスローガンを生涯掲げてこられました。常に宗教指導者として最前線に立たれ、不正と貧困と環境破壊と社会悪を終わらせるために努力してこられました。文師は、二十世紀と二十一世紀を通して、世界で最も偉大な師であり予言者と呼ぶことができます。

文師は共産主義によってもたらされた惨事を身近に知り、一九七〇年代から八〇年代にはカウサ運動を組織されました。また、共産主義に対する代案・対策として、神を否定するマルクス・レーニン主義に対抗する思想を提示されました。私の国フィリピンにおきましても、共産主義の脅威からいかにして私たち自身を守るかということに苦心してまいりました。

また、文師はゴルバチョフ大統領とも会見し、宗教の自由と経済の自由をソ連にもたらすよう促されました。

私は金日成《キムイルソン》主席と一九九〇年に会見し、韓半島の平和について話し合いました。文師も同様に一九九一年に平壌《ピョンヤン》に赴き、金日成主席と会い、御自身の生涯を懸けた夢である韓半島の平和統一を訴えられました。

冷戦の絶頂期にあった一九八二年に、今や有名になった「ワシントン・タイムズ」を文師は作られましたが、この日刊紙は、神から与えられた人間の尊厳と道徳を守るために戦ってきました。アメリカにおける信仰と道徳の退廃を防ぐために作られたのが、この新聞です。

文師の大きな使命の一つに、世界の主要宗教を一つにするという事業があります。私たちはアダム、エバ、アブラハムの後孫として生きております。きょうこの場には、仏教、イスラーム（＝イスラム教）、ユダヤ教、キリスト教、儒教、ヒンズー教など、偉大な宗教の指導者の皆様が一堂に会しています。文《ムン》師の生涯の御努力の成果として、「世界平和超宗教超国家連合」（ＩＩＦＷＰ）が存在しています。その成果はフィリピン、イラン、欧米、アフリカ、南米において実を結んでいます。

私は昨年、宗教間の対話に関する決議案を国連に提出することに成功しました。そして、この決議案は総会の場において全会一致で採択されました。このプロセスの一環として、ＩＩＦＷＰはイスラエルの聖地に四千名を動員し、ユダヤ教、キリスト教、イスラームをはじめとする様々な宗教指導者、パレスチナの代表を和解させました。これは、歴史上初めてなされた偉大な事業です。今日も、その歩みは続いています。

世界各国で展開されているＩＩＦＷＰの運動は、家庭、自由、統一、神への信仰に焦点を当てています。これこそ世界の宗教を一つにする偉大な公式であり、世界の民族、人種、文化を一つにする公式であるということを示しています。私は、文総裁を「ファーザー・ムーン」とお呼びしています。月は、暗闇《くらやみ》の中にあっても光を投げ掛けてくれる存在です。ここに集まっている百五十八カ国の皆様を代表して、私は文師御夫妻を天宙統一平和王・王妃として推戴《すいたい》します。

李哲基《イチョルギ》・天道教教領・韓国（二〇〇五年二月十四日）

尊敬する文鮮明《ムンソンミョン》・韓鶴子《ハンハクチャ》総裁御夫妻、全世界から来られた内外貴賓の皆様。天が送られた世界的な宗教指導者である文鮮明・韓鶴子総裁御夫妻を天宙統一平和王として推戴する意義深い歴史的な戴冠式において、私が推戴の辞を述べることができますことを、無限の光栄と存じ上げます。

神様は天地人の三界を創造され、理想世界を具現しようとする祝福を人間に下さいました。檀君《タングン》聖典は、公益人間、融和世界という経典を通じて、万人を有益にする真《まこと》の愛を実践し、平和な理想世界をつくろうとされました。

韓国では仏教思想、天道思想、キリスト教の思想が合わさって歴史をつくり上げてきました。そして宗教間の相互尊重と理解・交流に基づいて、世界史に類例のない多宗教間の平和を成してきました。

また韓国の民族宗教の教主たちは、愛と喜びの後天時代の幕開けを述べ伝えてきました。その遠大な理想が韓民族と韓半島を中心として、世界の端まで伝えられることを予言してきました。このような歴史的伝統の上に、人類を救うために、真の父母・メシヤとして文鮮明・韓鶴子総裁御夫妻は誕生されました。

御夫妻は全生涯を捧げて、人類の平和統一運動の勝利、神様と先知聖賢たちの願いを世界的に成し遂げられたのです。『天聖経』を生み出した五百巻の真理宣布をはじめとして、宗教、教育、言論、文化、スポーツの糾合活動などにおいて、光り輝く新文明の黎明《れいめい》となられ、共生共栄共義の理想を実現していらっしゃいます。

真の家庭を通じた世界平和の具現という総裁の新しい価値観により、人類は宗教、国境、人種を超えて、神様を中心とする人類大家族共同体を拡大、連結しています。早くから文総裁は共産主義の終焉《しゅうえん》とソ連帝国の崩壊を主導され、北朝鮮の金日成《キムイルソン》主席に会われて南北平和統一の起点をつくられました。

今日は、イスラエルとパレスチナの血のにじむ葛藤《かっとう》を「許しと愛と和合」に変え、平和の明るい未来をつくっていらっしゃいます。武力ではない、互いのために生きる真《まこと》の愛を実践しなくてはならないという文《ムン》総裁の教えは、紛争の先天時代を克服し、統一の後天時代を開く平和の原理です。

私は三・一独立運動によって万国の共生と民族の自主を宣布し、人類の普遍的な道標を作った天道教の教領です。韓民族の後裔《こうえい》として生まれ、天道理想を宣布され、平和世界を建設していらっしゃる文鮮明《ムンソンミョン》・韓鶴子《ハンハクチャ》総裁御夫妻を、天宙統一平和王として、喜んで推戴《すいたい》いたします。

祈祷

劉大行　全国祝福家庭総連合会総会長

二〇〇五年二月十四日
天宙清平修錬苑

愛する天のお父様！

きょうは天一国《てんいちこく》五年二月十四日、陰暦一月六日、真《まこと》のお父様の満八十五歳の誕生日と真のお母様の満六十二歳の誕生日でございます。

この神聖で栄光ある場に、天総官でいらっしゃる興進《フンヂン》様を中心とする真の子女様の御家庭と、五大聖人の家庭が臨席し、絶対善霊たちが席を共にする厳粛で神聖な式典に、幸運にも世界国家を代表する列国の指導者たちと、全世界の祝福家庭を代表する家庭が、復帰されたエデンである天宙清平修錬苑《チョンピョンしゅうれんえん》天城旺臨宮殿《てんじょうおうりんきゅうでん》において、天地人真の父母様の御聖誕を迎えて慶祝する席に同参しましたことを心から感謝申し上げます。

万有の根源でいらっしゃる真の愛の天のお父様、すべての万物を創造され、天宙の中心存在としてアダムとエバを創造された喜びと希望の理想が、人間の先祖の堕落によって成就することができず、悲しみと苦痛と嘆息の涙でつづられた恨《ハン》の歴史を抱いて真の息子、娘を捜し求めてこられた復帰の心情を、世の中は知りませんが、私たちは真の父母様のみ言《ことば》を通して知るようになりました。

天のお父様、日が昇る東方の国、大韓民国に真の父母様を送ってくださったことを心から感謝申し上げます。真の愛、真の生命、真の血統の実体でいらっしゃり、メシヤであり、救世主であり、再臨主であり、真《まこと》の父母であり、栄光の王である天地人真の父母様に、この民族は侍ることができず、冷遇と迫害によって苦難の道、涙の道を一生の間歩ませてしまった悖逆《はいぎゃく》の民族となりました。しかし、人類の真の父母様でいらっしゃるがため、悖逆の民族をお捨てにならず、最後まで真の愛ですべてのものを投入する孤独な蕩減《とうげん》を払われ、第三イスラエル民族として責任を果たすことを願ってこられました。

神様の解放、人類の解放、万物の解放のために一生の間苦労された真の父母様。

二〇〇一年一月十三日、神様王権即位式を奉呈され、天地人真の父母様天一国《てんいちこく》開門祝福聖婚式を通して、真の父母様真の愛の祝福家庭王権を立てられ、カイン圏とアベル圏が一つになった勝利の基台の上に二〇〇四年五月五日、「安侍日《アンシイル》」宣布後最初に迎える安侍日に「双合十勝日」を宣布すると同時に、堕落によって続いてきた蕩減時代である恨《ハン》の先天時代が終わり、創造本然の理想が始まる希望の後天時代を宣布され、真の父母様の八十五年の生涯を八十五日として精誠を尽くす期間において、真の心情圏解放・釈放時代を宣布されることにより特赦を施してくださった基台の上に、氏族平和の王権、国家平和の王権、六大州平和の王権と十二月十三日、アメリカのワシントンD・Cにおいて、世界平和の王戴冠《たいかん》式を成就され、きょう神聖な御聖誕日に天宙統一平和の王戴冠式をもつようになりました。

この意義深い歴史的な栄光の場に総動員された先祖たちと共に同参するようになったことを、心から、心から、心から感謝申し上げます。

勝利された天地人真の父母様。神様の祖国である天一国平和王国を建ててお迎えするべきこの日であるにもかかわらず、そのようにすることができず、天地人真の父母様の聖地であるこの地にお迎えして慶祝するようになったことを、大変申し訳なく思っております。

しかし、私たち全員が、父の国を取り戻し、繰り上げて奉献することをもう一度誓う私たちとなります。

勝利された天地人真の父母様。

これまで、不足な子女たちを訪ね求められ、昼夜なく育てるのにどれほど苦労が多くおありだったでしょうか。真の父母様のお顔を拝見するたびに、きれいだったお顔にしわが伸び、縮まったお体を拝見するたびに胸が痛むのでございます。

不足な私たちを信じられ、責任を果たすことをもう一度期待された真の父母様の心情を感じ、悟る子女となり、真の父母様を解放してさしあげる成熟した子女となります。

真のお父様、真のお母様。

どうぞいつまでも健やかであられ、尊貴と栄光と喜びばかりが満ちあふれますように。真のお父様、真のお母様、霊肉界の私たちすべての精誠を集め、重ねて御聖誕を慶祝いたします。

この時間以降のすべての日程と手順を、神様が直接主管してくださることを願いながら、このすべてのみ言《ことば》を祝福中心家庭劉大行《ユテエヘン》の名によって御報告申し上げます。アーメン。

復帰完成完結と永遠の平和王国　平和王戴冠式の御言集

2005（平成17）年3月15日　初版　発行

著　者　文　鮮　明

編　集　世界基督教統一神霊協会

発　行　株式会社　光　言　社

〒150-0042

東京都渋谷区宇田川町37-18

印刷所　株式会社　現文

定価はブックカバーに表示してあります。

ISBN4-87656-303-9 C0014